林書雅和林書豪（左二）與家人合影，一九八九年攝於美國。男孩們經常由祖母林朱阿麵照顧，當時他們的父母正於工作生涯力爭上游。林朱阿麵現年八十五歲，住在台灣。（REUTERS / HO / LANDOV）

二〇〇六年三月十七日，林書豪（中）慶賀帕洛奧圖維京人隊擊敗超級強隊聖母高中，在沙加緬度市的亞科體育館奪得加州二區冠軍。圖中亦包括：布朗（左）、米勒，以及卡瓦利斯（Brian Karvaries，右）。在終場前的最後幾分鐘，林書豪貢獻一個關鍵的三分球和一次上籃，帕洛奧圖以五十一比四十七獲勝。（AP Photo / Steve Yeater）

高中二年級時，林書豪開始打帕洛奧圖高中的籃球校隊。圖為二〇〇四年一月二十三日，帕洛奧圖高中在主場迎戰宿敵古恩高中，林書豪閃過一名防守球員切入禁區。（Zuma Press / Icon SMI）

對波士頓學院的比賽中，哈佛的後衛林書豪切入禁區。繼大三時打垮波士頓學院，二〇〇九年十二月九日，林書豪再次帶領緋紅隊作客麻州的康提論壇球場，最終以七十四比六十七再度打敗波士頓學院雄鷹隊，林書豪獨得二十五分（投籃命中率為投十中七）。（Michael Tureski / Icon SMI）

林書豪的外婆陳意子出生在浙江省的一個富裕家庭。她是虔誠的基督徒，一九四九年遷居台灣，然後於一九六九年前往美國，在紐約行醫。一九九八年，她在家鄉的平湖中學設立一項獎學金。圖為林書豪於該校參加一場友誼賽後在籃球上簽名，攝於二〇一一年五月二十八日。（STR / AFP / Getty Images / Newscom）

二〇一二年二月四日尼克對籃網的比賽，林書豪離開板凳並得到二十五分之後，球迷衝到麥迪遜廣場花園的販賣部，但是找不到林書豪的球衣。到了二〇一二年二月十五日對沙加緬度國王隊的比賽之前，在紐約市已可買到各式不同的林書豪球衣，而這些只是其中一部分。（AP Photo / Frank Franklin II）

二〇一二年二月十四日，尼克隊在加拿大的多倫多市出戰暴龍隊，比賽的最後幾秒，林書豪在暴龍隊後衛卡德隆的面前投出一個三分球。林書豪吸引了許多亞裔美國人球迷走進加拿大航空中心看球，而這個在終場前零點五秒投進的三分球，又將「林來瘋」推向更高峰。（Jeff Zelevansky / Getty Images）

二〇一二年二月十五日，在麥迪遜廣場花園對沙加緬度國王隊的比賽第三節，球迷舉著貼有林書豪大臉照的加油棒。終場尼克隊以一百比八十五擊敗國王隊，取得林來瘋的七連勝。（John Angelillo / UPI / Newscom）

即使林書豪沒有在球場上，球迷依然很挺他。圖為二〇一二年二月十九日洛杉磯湖人隊與鳳凰城太陽隊的比賽，幾位鳳凰城的球迷在半場休息時間舉著這張海報。（AP Photo / Matt York）

一批紐約市報紙的頭版，攝於二〇一二年二月十五日。在林來瘋的最高潮，林書豪的名字和臉孔隨處可見。（Richard B. Levine / Newscom）

在二〇一二年二月十日尼克對湖人比賽的最後時刻，林書豪讓湖人隊前鋒巴恩斯被吹一次進攻犯規。雖然林書豪已攻得三十八分、七次助攻，他依然衝勁十足地打到終場鳴聲響起，不僅讓全場觀眾印象深刻，更贏得了全世界球迷的心。（© John A. Angelillo / Corbis）

二〇一二年二月十四日，林書豪在加拿大航空中心的暴龍隊主場慶賀勝利。他那顆最後一秒的絕殺三分球讓尼克隊以九十比八十七獲勝後，許多NBA球員紛紛在社群網站表達對「林來瘋」的驚訝之情，以及對這位前所未見來自哈佛大學的後衛表示支持。（© Xinhua News Agency / eyevine）

上場！

林書豪的躍起

Jeremy Lin: The Reason for the Linsanity

上場！

林書豪的躍起

從哈佛宿舍的近身對談開始
第一手完整深入的林書豪傳記

提摩西・戴倫波（Timothy Dalrymple）——著
江坤山、黃芳田、吳程遠、王心瑩——譯

遠流

強力推薦，熱血上場

（依姓名筆劃排序）

嚴凱泰　裕隆集團執行長

魏德聖　導演／編劇／作家

戴遐齡　行政院體育委員會主任委員

黑立言　大中華地區卡內基訓練執行長

黃日燦　眾達國際法律事務所主持律師

蛙　大　影像文字創作者

曾志朗　中央研究院院士

陳莉蓮　前籃球國手／裕朋實業公司董事長

孫越　終身義工

唐湘龍　飛碟電台《飛碟早餐》節目主持人

施振榮　宏碁集團創辦人／智融集團董事長

林慶台　基督教長老教會牧師

林治平　中原大學榮譽退休教授

周神助　靈糧全球使徒性網絡主席

李偉文　親職作家

李家維　國立清華大學生命科學院教授／《科學人雜誌》總編輯

呂學錦　中華電信董事長

王文靜　商周媒體集團執行長

目錄

強力推薦，熱血上場 8

林書豪奇蹟激勵了全世界／嚴凱泰
複製林書豪的態度／戴遐齡
林書豪帶來的人生價值／黑立言
台上一分鐘，台下十年功／黃日燦
人生競賽的縮影／蛙大
林書豪打破了所有預設立場／曾志朗
為台灣籃球運動帶來全新視野／陳莉蓮
林書豪創造不一樣的ＮＢＡ／唐湘龍
傳統華人的王道精神／施振榮
願上帝與林書豪同在／林慶台
生命舞台等待粉墨登場／林治平
做自己想做的事／李偉文

作者的話 18

前言 22

Game 1
紐澤西籃網隊 ● 一則關於堅持不懈的寓言 33
成長於台灣移民家庭與華人教會的籃球小子

Game 2
猶他爵士隊 ● 神祕與奇蹟的方式 65
記者、運動員、教會孩子王，允文允武的高中生涯

Game 3
華盛頓巫師隊 ● 球場上的林將軍 95
腳踝骨折體悟到機會稍縱即逝，建立無私的籃球風格

Game 4
洛杉磯湖人隊 ● 民族英雄的崛起 121
神關上史丹佛這扇門，卻為他打開哈佛的一扇窗

Game 5
明尼蘇達灰狼隊 ● 任務達成了 155
抱持堅定信仰，打出哈佛有史以來最璀璨的戰績

Game 6
多倫多暴龍隊 ● 當球在半空中時要有信心 187
資歷優秀卻在NBA落選，依然奮力拚戰爭取簽約

Game 7
沙加緬度國王隊 ● 再多堅持一天 213
抓住大放異彩的機會，就是林來瘋！

結語 247

強力推薦，熱血上場

依姓氏筆劃排序

林書豪奇蹟激勵了全世界

嚴凱泰（裕隆集團執行長）

林書豪在NBA球場上演的逆轉奇蹟激勵了全世界，從他身上看到一個新人具備扭轉乾坤的潛力，克服種種競爭磨練與挫折磨難，在板凳上鍛鍊出深度與爆發力，等待關鍵時刻來臨時抓緊機會，創造逆轉勝的人生。

在閱讀《上場！林書豪的躍起》這本書的過程中，我更清楚看到林書豪的謙沖、自信、溝通、領導、熱忱與團隊合作精神，成就出最佳的心理素質與體能表現，他所展現堅強的求勝意志，不放棄夢想的拚勁與態度，是年輕人最珍貴的資產。

林書豪的成功並非偶然，從zero到hero，機會是留給準備好的人！

複製林書豪的態度

戴遐齡（行政院體育委員會主任委員）

你有沒有想過：Linsanity 對你到底有什麼意義？或許對許多人來說，林書豪是傳奇的代名詞，但對我而言，除了替台灣子弟感到高興，我始終認為林書豪的成功可以鼓舞許多年輕人，畢竟機會是給準備好的人。

在《上場！林書豪的躍起》這本書中，我們除了看見林書豪在NBA賽場上光芒耀眼的七場比賽，更可以看到他如何書寫他的人生作業，包括隱忍社會偏見、保持樂觀、堅守信仰以及謙遜待人……等等，或許你我都沒辦法抄襲他的作業，但是我們可以學習他的態度。當你從本書得到解答之後，你應該不會認為 Linsanity 是無法複製的教材了。

林書豪帶來的人生價值

黑立言（大中華地區卡內基訓練執行長）

當遠流出版公司邀請我為《上場！林書豪的躍起》寫推薦文的時候，我毫不猶豫地一口答應，因為我在十四歲去美國洛杉磯念書起，就超喜歡看NBA比賽。一九八七年的總決賽中，湖人隊的魔術強森在比賽最後一秒鉤射擊垮塞爾提克隊時，我在電視機前與UCLA的同學們一起歡呼，是我大學生活興奮與難忘的一刻。

但讓我更興奮的卻是「林來瘋」，因為我感覺林書豪根本就是自己人。我在美國念書時所認識的許多朋友都和他有相同的背景：亞裔美國人，品學兼優，父母的期許與要求都很高。當然他們之中沒有一位成為NBA的明星球員，卻擁有許多相似的價值與信仰，譬如說很有自信，但願意把成就歸功給團隊；不斷鞭策自己追求卓越，但在挫折谷底時卻能全然接受上帝對自己命運的安排，並堅信人生的一切事物都有造物主美好的旨意。

本書作者以「林來瘋」七連勝的賽事為軸線，逐漸完整而深刻地呈現林書豪的種種面向，非常引人入勝。在我們為林書豪每場球賽的勝利歡欣鼓舞時，更可以從書中所勾勒出的林式價值與信仰，得到人生更有意義的啟示。

台上一分鐘，台下十年功

黃日燦（眾達國際法律事務所主持律師）

林書豪「平地一聲雷」，震撼了美國NBA職籃，振奮了全球華人粉絲，在短短一個星期裡，掀起了「林來瘋」狂潮，躍為眾所矚目的一顆閃亮新星。

但林書豪的成功絕非一朝一夕的僥倖，他的謙虛更不是一時一刻的矯情。他的成功是多年苦練的結果，他的謙虛是平日修養的品格。所謂「台上一分鐘，台下十年功」，旨哉斯言！

我們除了欣賞他、為他歡呼喝采之外，還應該效法他，受他薰陶啟發。《上場！林書豪的躍起》剖析了林書豪的成長經驗和心路歷程，值得閱讀，特此推薦。

人生競賽的縮影

蛙大（影像文字創作者）

身為一個喬登時代的球迷，多數人大概都跟我一樣，隨著喬登的退休，NBA球賽的轉播也算進入了完結篇。

突然從電視那頭聽到哈佛小子林書豪的神奇表現，讓我好奇地接連看了幾場尼克隊比賽，從一開始大概是運氣好的心態，看到最後已是激動地隨著他的表現一起驚呼與嘶吼，尤其看過《上場！林書豪的躍起》後，更感覺這比賽宛如是人生競賽的縮影。

我想，林書豪之所以能夠感動人心的部分絕對不是只有在球場上，從他踏進球場前的努力與付出，以及他所面對困境與種種挑戰的正面力量，這些點滴才是我們該去深入探討。無論日後林書豪的球場表現會是如何，他所帶來的「態度」，已經讓我將他擺在我的名人堂之中。

林書豪打破了所有預設立場

曾志朗（中央研究院院士）

讀《上場！林書豪的躍起》這本書，有如重新回憶「林來瘋」的激烈場景。為什麼看林書豪打球會那麼激動？因為，對我而言，他像隔壁鄰居乖巧的小孩，出了家鄉，在外拚鬥。贏或輸，心情寫在他的臉上，是那麼熟悉，是那麼讓人雀躍或揪心，希望他打得漂亮，又怕他偶然的失誤，看他打球，身心都發熱！但令人安心的是，打完每一場球，不管輸贏，他的感言都是那樣得體，自自然然的，毫不做作。

知識培養了他的同理心，信仰豐富了他的自信心；最可貴的是，堅持自己的興趣，發揮自己的才能，也走出了自己打造的路。林書豪這位台灣美國人的哈佛小子，打破了所有預設立場的信或不信，成功的昭示世人：人生的路，絕對是多元多樣的，而讓人尊敬和引人感動的，不是你的勝利，而是你的謙虛！

為台灣籃球運動帶來全新視野

陳莉蓮（前籃球國手／裕朋實業公司董事長）

「哈佛小子」林書豪傳奇般從被低估的新秀到成為籃球界的寵兒，這看似一夜成名的背後，是一位優秀運動員累積每天上千次跳投練習，以毅力、苦幹和保持自我信念的聚合。

從《上場！林書豪的躍起》作者細膩的書寫，看到林書豪如何靠扎實的基本動作、爆發速度，反覆磨練切入的技巧與傳球的視野，打出NBA控球後衛的主流球風；他耐得住冷板凳上的等待，用智慧閱讀比賽，找出屬於自己的打法與靈活的組織攻勢，打破了黃種人體能不足以挑戰NBA的自我設限，成就NBA球場上的經典傳奇。

林書豪的球風令人著迷，也為台灣籃球運動帶來全新的視野。

林書豪創造不一樣的NBA

唐湘龍（飛碟電台《飛碟早餐》節目主持人）

我是運動領域的「鄉民」，愛看熱鬧。發言外行。「中華尼克隊」球迷。但林書豪會演變成「林來瘋」，本來就是「鄉民現象」。大家很容易讓自己跟林書豪「發生關係」。

不是球技問題。「林來瘋」本來就不是球技問題。林書豪吸引像我這種「運動鄉民」，不只因為他華裔，他哈佛，他尼克，他上帝，最重要的，他乾淨。他是個「好孩子」（good boy）。

他裸露在球衣外的身體，沒有一塊刺青。這在NBA裡，很神奇。

他持續在媒體鏡頭前隨機受訪，沒有一句話不得體，這在NBA裡，更神奇。

他讓NBA的刻板印象裡注入了「教養」和「信仰」。不再只是毒、賭、色和粗魯。

原來這樣的人也可以打NBA。原來NBA也可以這樣打。

「原來這樣的人也可以打NBA」，「林來瘋」其實就瘋這樣一種感覺。

看到球場上的林書豪，讀完《上場！林書豪的躍起》，讓我相信：這個世界真的有神。也太神了。

傳統華人的王道精神

施振榮（宏碁集團創辦人／智融集團董事長）

出身華裔的尼克球隊林書豪，近來吸引了全球的矚目，也掀起一股「Linsanity（林來瘋）」風潮。他用智慧打球，深具魅力，且臨場反應快，掌握主攻與助攻的節奏，多次帶領球隊贏得勝利。

從東方文化的王道精神來看，王道就是要創造價值並兼顧利益平衡，林書豪為團隊創造了更大的價值，吸引更多球迷的矚目。在贏得比賽的同時，他不居功，並照顧了利益相關者的平衡與感受，真正體現了傳統華人的王道精神，也征服了所有球迷的心，林書豪為華人立下一個最佳典範，他的努力也值得大家學習！透過《上場！林書豪的躍起》作者的細膩書寫，林書豪屬於東方文化特有的王道精神，完整展現，值得讀者細心體會。

願上帝與林書豪同在

林慶台（基督教長老教會牧師）

很高興能看到台灣的孩子在國外有如此的成就，尤其在美國職業籃球的事業中，有這樣輝煌的成就實在不簡單、不容易。我對林書豪的背景不是很了解，但是透過比賽知道他每一場都有很好的成績，其個人的表現相當突出，場場都有驚人的成績。在他接受媒體訪問時，我才知道他們全家都是基督徒，感謝上帝。

書豪本人謙卑，很有團隊互助的精神，每場球賽都是以能為團隊效力、努力打球的態度應戰，無論輸贏，總是以謙卑的態度來面對。在之前剛起步階段，書豪不是很受歡迎且不是受重視的球員，經常被忽略，因此我更相信他有很多苦處，但是他能有今天的成就，我相信，信仰的力量及依靠上帝的帶領是書豪的全部，家庭與父母的支持更是他的能量。

讀了《上場！林書豪的躍起》，真的很感動書豪的努力與堅持，因為他的表現，全世界的每個人都受到正面影響，同時分享他每場球賽的表現。在此祝福書豪繼續努力，為台灣爭光，帶給世界的每個人歡樂。願上帝時時與您同在，帶領您每一次的賽事有更突出的成績。感謝主。

林治平（中原大學榮譽退休教授）

生命舞台等待粉墨登場

林書豪的戰場固然是在NBA的球場上，但更動人的是他在球場外生命舞台上的精彩表現。不是人人都能在NBA球場上飛躍馳騁，但每一個人都有自己的生命舞台，等待著自己粉墨登場。

林書豪的生命故事就是最好的見證，值得一讀再讀、細細揣摩。

做自己想做的事

李偉文（親職作家）

林書豪的傳奇的確是個振奮人心的故事，不過除了看到他的努力與成功，我更體會到即便他一直有著優異的表現，但是若非抓緊那不會再有的機會、並創造出奇蹟，可能就永遠不會被發現。

在我們真實的人生裡，我們也許非常努力，但可能沒有那個機會，或者錯失了那個機會，不過林書豪的傳奇之處是，他讓我們了解到即便沒有那個機會，他還是會很快樂、很努力地打球，因為他並不想證明什麼，而只是做他想做的事。

林書豪的傳奇真的很振奮人心，《上場！林書豪的躍起》這本書更讓我熱血沸騰，相信他所帶來的正面效應會鼓勵更多人勇於實現夢想。

這就是我活著的夢想……

即使我倒下，也要奮戰到最後一刻！

作者的話

我第一次於二〇一〇年一月底與林書豪聯繫，希望見面訪談時，我寄了一篇文章的網路連結給他，是關於我自己對信仰與運動的想法。一九九二年，我十五歲，贏得了全美青少年體操個人全能分齡冠軍。隨後，我也贏得好幾項全美比賽冠軍，包括一九九五年代表史丹佛大學贏得美國大學體育協會（NCAA）的體操團體金牌。那篇文章講的是我的基督教信仰因為體操選手經驗而加深，有時我覺得彷彿是神引導著我的行動，感覺自己只是一名觀眾，而且比賽的勝利會比失敗更令我謙卑，因為我總是強烈感受到可能有一千零一種方法造成失敗，因此我一直都很清楚，我的勝利完全是不配得到的恩賜。

一九九六年即將參加奧運會資格賽之前，我從單槓動作落下，摔斷了脖子，就此結束體操選手生涯。然而我寫那篇文章當時，如果有一位天使站在我面前，提議把體操生涯和所有相關結果從我生命中去除，包括受傷至今所承受的慢性痛苦、體操教導我的每一件事及它所塑造我的每一方面，我肯定會十分猶豫。我會向天使說不。那些經驗產生如此深刻的影響力，如果抽掉那些經驗，真不知道我會是什麼樣的我。

我並不期待林書豪真的會讀那篇文章，但他真的讀了。一個月後我們見面訪談時，他前前後後提起那篇文章好多次，不時在發表看法的時候加上一句「就像你寫的……」或者「你一定了解這點……」（雖然我在編寫整理時多半將之刪去。）

當時，他對信仰的真心、深思、敏感和誠摯令我印象深刻。身為運動員，林書豪也曾有低潮時刻，而他也發現，努力訓練體能、讓自己做到最好，並在比賽之中學習信靠神，對心靈有著很大的益處。

以那次訪談為起點，我一直注意他的發展歷程，他與金州勇士隊簽約之後，我也再次簡短訪問他。因此，有人問我是否能寫一本書講述林書豪的故事時，這機會似乎很棒，簡直是神的旨意。由於我在舊金山灣區長大，大學就讀史丹佛，又在哈佛拿到博士學位，我和林書豪的生活圈有很大部分彼此重疊。雖然這本書的製作過程必須加快進行，但是我與林書豪的朋友和老師們聯絡時（他們有些人也是我的朋友），發現大家都和我一樣，熱切希望能夠好好傳達林書豪的故事、他的家庭和他的信仰。

如果書的封面沒有讓各位讀者明白了解，我要說明我不是亞裔美國人。我希望能更從亞裔美國人的角度來思考林書豪的故事，以及這個故事對亞裔美國人社群和文化的意義。同時，我自己也透過領養、婚姻、朋友和宣道等各方面融入亞裔美國人的生活，並且盡可能諮詢專家的意見，再提出我的虛心觀察。

這本書受限於時間，有很大部分結合眾人之力才得以完成。非常感謝同意受訪、協助收集資料和寫作過程的所有人，特別是我哥哥道格拉斯・戴倫波（Douglas Dalrymple）和妹妹周麗莎（Lisa Chow），我的朋友 Kathy Tuan-MacLean 和 Patty Pan，以及實習生 Janelle Schmouder 和 David Ranzolin。我也要感謝許多人分享他們對於種族、信仰和籃球方面的看法，特別是張德培（於早前的訪問）、Jon Chang、蔡美兒、鄧吉（Tony Dungy）、Ken Fong、Tom Lin、Michael Luo、馬哈尼（C.J. Mahaney）、梅塔克薩斯（Eric Metaxas）、Jerry Park、Jimmy Quach、Soong-Chan Rah、奇維迪恩（Tullian Tchividjian）和范德維奇（Kiki VanDeWeghe）。特別感謝我的經紀人派克（Chris Park），謝謝她的優秀和善良，另外感謝一九九九到二〇〇二年的普林斯頓華人基督教會青年團契（我在修讀碩士學位期間服務的地方），邀請我進入他們的華裔美國人基督教青少年文化。

而當然，這本書的任何缺點都是我的責任，與上述我提到的名字無關。

澤特斯坦（Rolf Zettersten）和樺謝出版集團的團隊非常出色。我在三週內寫完本書的努力（因應要求），還得搭配他們在出版界加速運作的努力，才能以快速、專業的方式，把一本有品質的書送到各家書店。

在這次任務中，布魯尼克（Leo Brunnick）和「Patheos」宗教網站的優秀團隊給我很大的自由和鼓勵。我的父母，蓋倫和蘿瑞・戴倫波（Galen and Laurel Dalrymple），給我很大的協助與支持。我的岳父母，顧敬仁和楊嘉隆（Arthur and Caroline Koo），除了在整個寫作過程中幫忙照顧我太太和孩子們，過去多年來也教導我很多華人的文化傳承之美，以及他們從台灣來的移民經驗。我太太的妹夫和妹妹，尹斌和顧守菁（Ben and Jennifer Yin），無論是有形或無形方面都幫了許多忙。而我也特別希望謝謝林書豪，以及他以言語和行動如此榮耀的唯一的神。光榮歸於唯一的天主。

最後，我要向顧守芳（Joyce Shou-Fang Koo）致上永遠不變的感激，她是如此獨特和細膩，身心皆美，而成為喬伊絲・顧・戴倫波（Joyce Koo Dalrymple）之後，為我的生命帶來比我所能想像還要深邃的愛與喜悅。因為她恆久忍耐的恩慈，她的優雅與真誠，她如此無私地照顧我們一對美好的小女兒，這本書，我的第一本書，要獻給她。

前言

二〇一二年二月的第一個星期六，紐約尼克隊出戰紐澤西籃網隊。比賽到了第一節最後，尼克隊背號十七號的選手從板凳起身時，麥迪遜廣場花園（Madison Square Garden，尼克隊主場）沒有任何一個人預測得到接下來要發生的事。

林書豪有一群忠心耿耿的支持者，但很少。有些人支持他是因為他們在哈佛大學是好朋友，有些是因為他經常公開談論信仰，有些因為他的種族背景，有些人則只是喜歡他打球時的無所畏懼與拚戰精神。然而，連他們也看不出接下來要發生的事。沒有人看得出來。

即使林書豪自己也快要對NBA生涯感到絕望。他在金州勇士隊的第一年菜鳥生涯備受折磨，令他失去打球的樂趣。在舊金山灣區的家鄉球迷面前，他少數能夠離開板凳的機會，似乎都是下放到發展聯盟的時候。二〇一〇年耶誕節之後，他在自己的日記上寫道，他已經失去自信，並且對自己的失敗和丟臉感到羞恥。二〇一一年元旦那天，他甚至寫下寧願沒有和勇士隊簽約。他心想，也許一開始認為自己能夠成功站穩NBA的想法，根本就是錯誤的。

如今他站在這裡，穿著尼克隊的球衣。雖然面臨諸多壓力，他打算繼續堅持不氣餒。他打算再多相信自己一天。高中畢業時沒有一級大學招募他，大學畢業時沒有球隊與他簽約，金州勇士隊沒有留下他，火箭隊沒有要他，尼克隊也沒有提供保證合約，再過不了幾天，林書豪就會被排除在球員名單之外。不過他還站在這裡。他留下來了，歷經了腳踝骨折，歷經美國一級大學教練對他不感興趣的羞辱，歷經賽場上下針對他的種族歧視用語，歷經一般認為亞洲人不夠健壯的刻板印象，歷經無人願意簽約的窘境，歷經NBA菜鳥生涯的困境，也歷經了耶誕節前一天遭到火箭隊釋出的極度痛苦。

他一直努力不懈。他拒絕相信自己注定要經歷不受青睞、殘酷而短暫的籃球生涯，只能是聯盟中最差球隊的最差球員。

林書豪在美國加州的華裔美國人福音教會長大。他最喜愛的新約聖經經文是羅馬書五章，說著患難生忍耐，忍耐生毅力，毅力生盼望。他知道尼克隊在一週內就會把他釋出，因為球隊若不在二月十日前裁掉他，就必須保障他的合約生效。不過，林書豪已從患難中學到很多，過去忍耐的所有事情塑造出他的毅力，而強大的毅力給他希望。他在賽前告訴自己，即使我倒下，也要奮戰到最後一刻。

然而，無論是林書豪或他的粉絲們、他的家人或教練、專家和分析家和職業意見販子，沒有任何一位看著比賽的人猜得到這場比賽接下來要發生的事。他們無從預知，因為接下來的發展絕對是史無前例的。這麼說一點都不誇張。這絕對是根據統計上的事實。

在不可分割的那一刻時間，第一節結束前三分三十五秒、林書豪站在球場邊線的那一刻，他的命運恰恰處於一個轉折點。所有事情都將改變。他即將從一直懷才不遇的低階身分一飛沖天，躍上全世界最受景仰運動員的殿堂。他的名字即將遍灑整個紐約市的報紙、全球的雜誌封面和全世界最大搜尋引擎的最頂端。他的影像即將飛傳到網際網路最無遠弗屆的每一個角落，傳到麥迪遜廣場花園販賣的T恤、海報和人像加油棒上，也傳到紐約布朗克斯區到中國北京市的每一台電視機裡。林書豪調整他手腕上配戴的「我奉耶穌之名打球」（In Jesus' Name I Play）橘色手環，站在一個令人難以置信、打破刻板印象、保住球季競爭力、打破多項紀錄、榮耀上帝之大爆發表現的分水嶺之上，準備抓住全世界的想像力。

◆

接下來，連續七場的勝利抓住了所有人的目光。

林書豪上場之後，場上的動能開始慢慢建立起來。麥迪遜廣場花園的嗡嗡聲開始變成喧鬧聲，然後喧鬧聲變成了瘋狂叫喊。到了第四節，伴隨林書豪砍進的每一分，都會見到他握拳振臂，發出野性的吶喊。他的隊友們紛紛從板凳上跳起來，臉上掛著傻氣的大大笑容，彷彿看著一個高中小子在戲耍球星「俠客」歐尼爾（Shaquille O'Neal）。全場反覆不停的「Jeremy!」喊聲震耳欲聾，先前還心存懷疑的尼克賽事主播布林（Mike Breen）也不可置信地大喊：「這是在麥迪遜廣場花園上演的林書豪秀！」這場比賽獲勝後，球迷們心滿意足地湧上曼哈頓的街道。確實，這是場「一夜奇蹟」，但大家都對於親眼見證了如此徹底、美好的奇蹟而開心不已。

沒想到，這場秀還沒有結束。兩天後，尼克隊在最重要的明星球員沒有上場的情況下，以林書豪獨得二十八分的強力演出擊敗猶他爵士隊，林書豪在賽後訪問中說：「我當然想像不到這種結果。」他也感謝「我的主和救主耶穌基督」，因為「我無法告訴你，要能站在這裡，必須有多少不同的事情發生在我身上」。當時尼克隊教練丹東尼（Mike D'Antoni）所描繪的圖像稍微沒那麼動人，他說，只要林書豪的手感持續發燙，「我會把他當做該死的神駒『祕書』（Secretariat）一樣騎著他」。傳奇球星「魔術」強森（Magic Johnson）也大感驚奇，說他非常久以來沒有在麥迪遜廣場花園看到這麼令人興奮的事了。

到了第三場連勝之後，《華盛頓郵報》體育記者李伊（Michael Lee）、眾所皆知的華盛頓巫師隊球迷，一反他看到一面倒的比賽通常會早早離場的習慣，居然留下來直到比賽結束，為林書豪得到二十三分、十次助攻的表現忘情鼓掌。這簡直像是看到洛基在比賽中打敗蘇聯拳王一樣。尼克隊這下子連勝三場，全世界都注意到這位信仰耶穌的亞裔美國人，他也讓紐約人重新燃起希望。一位體育作家稱他為「ＮＢＡ的英雄、巨人哥利亞群中身高一九〇公分的大衛，並在這裡和海外鼓舞了數百萬亞洲球迷」。他的新浪微博粉絲人數從十九萬人跳升到一百萬人。

結果連勝持續著。他面對「小飛俠」布萊恩（Kobe Bryant），得分竟創三十八分新高。當記者們等待林書豪站到媒體記者會的麥克風前，一位資深體育作家對另一位說：「我以前說林書豪純屬僥倖。我真該被炒魷魚。我們全都該被炒魷魚。」林書豪則說：「這就是我活著的夢想。」大衛賴特曼秀的一位撰稿人在推特上寫道：「如果林書豪單膝跪下、祈禱，全世界會瘋狂暴動。」下一場戰勝明尼蘇達灰狼隊之後，《今日美國報》（*USA Today*）報導，明尼蘇達主場湧進最近八季以來最多的觀眾，尼克隊網路商店的流量也暴增了百分之三千。等到對上多倫多暴龍隊，見到林書豪在最後一秒鐘的英雄式進球之後，連ＮＢＡ最著名的一些球星都像眼中閃耀著小星星的粉絲一樣，在推特寫下他們的祝賀話語。

最後在二月十五日，林書豪領軍的尼克隊以令人敬畏的比數擊敗了沙加緬度國王隊，至此的戰績如下：七場比賽，六次先發，七場勝利。林書豪在生涯的前三場先發總共攻下八十九分，前四場攻下一百零九分，前五場攻下一百三十六分，全都成為美國籃球協會（ＡＢＡ）和國家籃球協會（ＮＢＡ）自一九七六到七七年合併之後的新紀錄。總括起來，橫跨這七連勝期間，林書豪總共上場二百六十三分鐘，累積得到一百七十一分，平均每場二十四點四分和九點一次助攻，全都勝過同一段期間另兩位明星球員「雷霸龍」詹姆斯（LeBron James）和布萊恩的平均數據。

這項紀錄並不是出自炙手可熱、簽有高額合約的球員。這是一位沒人要簽約、兩次遭到釋出的板凳常客、替補球員，竟然締造了生涯首幾場先發的最多得分紀錄。這是NBA第一位華裔美國人球員，也是半世紀以來第一位打入NBA的哈佛畢業生。而僅僅在一星期之前，這個人還遭到球場安全人員攔下，把他誤認為球隊的物理治療師。

在「林來瘋」（Linsanity）的最高潮，人們在Google搜尋林書豪名字的次數，遠遠超過耶穌基督「加上」歌手小賈斯汀的次數；他出現在《運動畫刊》（*Sports Illustrated*）、《今日美國報》和《時代》（*Times*）雜誌亞洲版的封面上；《紐約時報》的各種專欄作家都寫到他；美國總統歐巴馬主動提起他正在看林書豪的比賽，連上屆共和黨副總統參選人培林（Sarah Palin）都一定要與林來瘋T恤拍下合照。

NBA網站的舒曼（John Schuhmann）總結：「無從預測這股風潮會走向何處，因為毫無前例可循。我們只知道林書豪讓紐約尼克隊甦醒了，NBA歷史上沒有球員像他這樣從小人物變成巨星，他所吸引的籃球迷更是無遠弗屆……我們以前真的從未看過這種現象。」

然而，丹東尼教練於三月十五日辭職之後，林書豪會怎麼樣呢？林書豪和隊友球星「甜瓜」安東尼（Carmelo Anthony）能夠找到一起努力的方法，攜手進攻嗎？時間會告訴我們答案。

但無論如何，在職業籃球歷史的紀錄上，「林來瘋的七場比賽」絕對不會消失褪色。無論未來如何發展，林書豪都已經達成某種極具歷史意義、值得記憶和認識的成就。那七場比賽將會永遠屹立不搖，象徵著面對壓力所展現出來的非凡勇氣和風度，以及機會、才能和勇氣的奇蹟式匯聚。在那些比賽中，林書豪讓全世界見證了他的信念、他的價值觀、他的毅力。

整個紐約市，愛好爭辯、充滿焦慮、陰鬱且經常消化不良的紐約市，深深為之著迷；全美國為之著迷，全亞洲也為之著迷。在這樣一個超乎預期的球季，有一位表現超乎預期的球員，達成了沒有一位替補球員預期能夠達到的成就。我們看著這一切，深覺目眩神迷、十足驚奇、深受吸引。而這也為全世界的替補球員和失意的人提供了希望。

這本書的目的是要了解「林來瘋」現象。而要了解林來瘋，我們又必須了解林書豪這個人。他從哪裡來？什麼因素使他成為今天這樣一位籃球員和這樣一個人？又是什麼因素使他和球迷之間產生不尋常的連結？

毫無疑問的，林書豪的名聲已經超越了籃球。光是他的籃球成績就能使他造成轟動，不過還要綜合了影響深遠的其他層面，包括他在球場上的謙遜和勇氣、對他影響極大的種族傳承，以及他那深刻的信仰與信念，才使他成為眾人的偶像。如果林書豪的影響層面沒有超越籃球，全美國的牧師不會在他們的佈道中提到林書豪，台北的運動酒吧也不會在地球另一端的尼克隊進行賽事時，早早在晨間九點便開門迎客。林書豪出現在一個非常需要他的特殊歷史文化時刻。

接下來的篇幅中，有三個重點將會不斷出現：

第一，這整件事多麼有可能永遠無法發生。正如同在七連勝之後，林書豪接受尼克隊電台主播迪德斯（Spero Dedes）訪問時所說：「回頭看，我可以看出這一切為什麼會這樣發生。」你愈是了解林書豪的個人故事，以及他們一家人的整個故事，你愈能同意這一點。這其中包括許許多多不太可能發生的一系列事件和條件，而它們必須以完全正確的順序組合在一起、在完全正確的時間點一一發生，才能創造出讓林書豪突然崛起的條件。回頭看這一切，簡直就像有人組裝了一顆定時炸彈，之後找到一個時間點，驟然引爆。如果牽涉其中的每一個部分沒有受到精確量測，如果每一個步驟沒有受到嚴密調控，「林來瘋的七場比賽」應該永遠也不會發生。可以說，「林來瘋」早在很久以前就已播下種子。林書豪一路走來，他所面臨的許多最大的低潮與失望，到頭來都成為他最大的福分。

第二，林書豪是台灣移民之子，他的文化傳承如何讓他成為更優秀、更令人矚目的運動員。在林書豪崛起之前，如果請五千個人想像一名身高一九〇公分的NBA後衛，在他的第二個球季締造每場攻得二十四分、九次助攻的成績，這五千人沒有一個人會想像他是亞裔美國人球員。即使是今天，大學體育網站「Rivals.com」列出排名前一百五十名的頂尖高中選手，其中沒有一個人是亞裔。這形成一種對亞裔預期很低的輕度偏見，很容易讓教練和招募人員產生預設立場，認為林書豪無法達到體育界的最高級別。這種固有假設是這樣的：亞裔美國人的運動細胞不夠好，或者不夠敏捷、健壯，或者沒有遺傳到好的身體素質，因此無法在NBA取得成功。

然而，林書豪不只顛覆了刻板印象，他也突顯出亞裔美國人的困境，特別是亞裔美國男性的困境。許多亞裔美國人會公開談到，他們眼見自己在某個競爭場合很成功、接受世界的接納與讚美時，往往會流下眼淚。而林書豪特別的地方，在於他一方面顛覆了亞裔美國人性格軟弱的負面形象，另一方面體現了亞裔美國人文化中最好的部分，並帶著這些特質達到成功。我們不能說，儘管林書豪承襲了亞裔美國人文化，他依然成為優秀的籃球選手；

應該說，他所承襲的亞裔美國人文化，讓他成為更好的運動選手。他在那樣的社群與文化中成長，使他具備了努力奮鬥和堅持不懈的精神，並能以勤勉和聰慧去克服各種逆境。而一旦亞裔美國人看到這世界接納林書豪，他們也覺得這世界接納了他們。

第三，林書豪有著特殊的基督教信仰，這如何令他成為更優秀、更令人矚目的運動員。正如他自己也會告訴大家，林書豪的故事不只和林書豪本人有關，還與某種更大的層面有關。就運動天賦來說，林書豪永遠無法只仰賴壓倒性的體能優勢。他沒有驚人的身高、無窮的力氣或迅如閃電的速度可以俾倪眾人（儘管他已和NBA其他後衛一樣快速、敏捷）；他之所以在廣泛的評量中取得優勢，乃是因為他的亞裔美國人福音信仰所培養出來的勇氣、堅持和力量，也因為上天把機會交給他。最終，他必然會說，「林來瘋的七場比賽」只能解釋成神的作為。

在美式足球明星四分衛堤博（Tim Tebow）所寫的《透過我的雙眼》（*Through My Eyes*）這本書中，堤博講到一個故事，他升上九年級之前的暑假，曾經參加一個男性的教會靜修活動，所有的男人和男孩都要比賽誰的力氣最大。他們取來一支二十五公斤重的彎曲拉桿，看誰可以重複拉彎最多次。隨著愈來愈多人加入比賽，重複拉彎的次數不斷攀高，從三十五下、四十、四十五、五十，最後達到五十五下。到了隊伍的尾端，終於輪到堤博，而他也贏得比賽：二十五公斤重的彎曲拉桿，他重複拉彎了三百一十五下。要知道，那時候他還不是高中生呢。

林書豪沒辦法說出那樣的故事，但他可以說出更棒的故事。他可以說的故事是關於一個普通的凡人，憑著堅持不懈和不屈不撓，持續精進球技、把比賽打得更好、掌握和創造最多的機會，最後看著自己夢想成真。而他看著這一切，看到的不是一個非凡的人的故事，而是一個非凡的神，透過平凡的人，達到了非凡的成就。

「老實說，我認為我的籃球生涯是一個奇蹟。」

二〇一〇年二月，林書豪在他的哈佛宿舍房間內對我說這些話，那時候差不多剛好是「林來瘋的七場比賽」讓全世界相信這個奇蹟的兩年前。這些話值得好好想一想。在他爆紅成為職業運動明星的一員之前，在他面對「小飛俠」布萊恩和湖人隊拿下三十八分之前，甚至在他進入NBA之前，林書豪就認為他的籃球生涯是一個奇蹟。

林書豪會這樣說有著很好的理由。他升上NBA的故事，正如他先前經歷過的所有故事一樣，其實是未必會發生的……

>>

Game 1

紐澤西籃網隊

一則關於堅持不懈的寓言

林來瘋故事的開端，要從林書豪一家人的大時代移民故事說起，從中國大陸到台灣再飛美國，血液中的勇氣與堅持流轉了三百多年……

二〇一二年二月四日對籃網隊的比賽，當第一節最後只剩幾分鐘，丹東尼教練叫林書豪準備上場時，這位尼克隊的教練在邊線外踱步，嘴裡咀嚼著這個潰散球季的痛苦滋味。在過去十三場比賽中，紐約已經輸了十一場，令人痛苦到最高點。他們隊上最耀眼的明星球員不是受傷就是表現不佳。防守的時候遲滯且呆板。萬分洩氣的球迷眼看著他們摯愛的球隊深陷泥沼，紛紛大叫丹東尼教練下台。

對籃網隊的這場比賽，是尼克隊連續三晚出賽的第三場比賽，也是一整個球季唯一的三連戰系列賽，一連串賽事令球員筋疲力竭。兩天前，他們以一百零二比一百零五分敗給芝加哥公牛隊，前一晚在波士頓以八十九比九十一敗給塞爾提克隊；現在他們面對籃網隊，本季戰績八勝十六敗的籃網隊比尼克隊的八勝十五敗略差一點，但籃網隊過去十場比賽贏了五場。

比賽一開始打得很沉悶。第一節才進行了四分鐘，尼克隊就已經落後十分。尼克隊打算以身高二一三公分的中鋒錢德勒（Tyson Chandler）在罰球線附近執行擋拆戰術，可是沒辦法執行得很順暢。這一節剛過一半的時候，「甜瓜」安東尼投進一顆三分球，帶動一波七比零的攻勢，把比數拉近到三分之差。到了第一節剩下三分三十五秒的時候，比數為十六比二十，這時菜鳥後衛尚波特（Iman Shumpert）被喊了第二次犯規。必須有一名替補後衛接替他的位置。

場上實在沒有「讚美神！」之類的齊聲高喊迎接林書豪。他從板凳跳起時，觀眾席間一片咕噥低語；事實上，與一些從未在NBA打過像樣的幾分鐘、只能作為最後選擇的其他後衛比起來，他的粉絲還算多一些。然而，老資格的現場電視主播布林似乎認為，讓林書豪上場的決定實在太奇怪了，有必要好好解釋一番。他說，另外一名替補後衛道格拉斯（Toney Douglas）是「比較好的防守球員，也是比較好的得分球員；他是比較好的球員」。不過他又說明，道格拉斯已經有好一陣子陷入命中率很差的低潮期。

「林來瘋」並沒有馬上就展開。事實上，林書豪上場一分鐘後，落後分數又拉開到十分。他貢獻了一次助攻和一個籃板球，電視評論員佛萊澤（Walt Frazier）指出，尼克的板凳球員打得「非常笨拙」；等到尼克隊落後到十二分，紐約的觀眾開始發出噓聲。「今天晚上，尼克隊在第一節就聽到噓聲。」布林哀嘆道，然後第一節結束，比數為二十比三十。

第二節剛開始時似乎很有希望。林書豪很快發動一次傳切戰術，然後迅速投籃得到兩分。接著籃網隊進攻時，林書豪拍掉控球後衛法瑪（Jordan Farmar）手上的球，高吊傳給道格拉斯上籃得分，道格拉斯還摔進籃板後方的攝影記者群中。突然間，攻勢變得流暢了，觀眾也開始振作起來。接著林書豪擺脫防守他的人，也把籃網隊前鋒喬丹．威廉斯（Jordan Williams）從尼克隊友傑佛瑞斯（Jared Jeffries）身邊引開，他再把球傳給傑佛瑞斯灌籃得分，比數拉近到落後五分。

接下來，林書豪又得了四分，一次是帶球晃過防守者，於行進間跳投打板得分，還有一次是接獲尚波特和安東尼的傳球，快攻上籃得分。他對籃網隊球星德戎．威廉斯（Deron Williams）防守得很扎實，而在第二節只剩下九十二秒時，他做出一次非常華麗的空中接力，將球高吊傳給錢德勒雙手灌籃得分。林書豪和錢德勒執行著擋拆戰術，這是尼克隊掙扎了一整個球季希望能做到的。進入中場休息時，林書豪得了六分，四次助攻和三個籃板，而尼克隊只以四十六比四十八落後兩分。

尼克的球員走回休息室時，主播布林讚嘆著這場「林書豪秀」。中場休息期間，電視台的球賽評論員特勞維西（Al Trautwig）詢問助理教練艾特金森（Kenny Atkinson），表現成這樣的林書豪是打哪兒來的。「他可能是我們現在最努力的球員，」艾特金森回答，「真是難以置信，他打得這麼努力。所以很高興看到他的努力得到回報。」

如果是其他天晚上，林書豪的表現可能就到此為止了。不過此刻的尼克隊宛如斷了腳筋，資深後衛畢比（Mike Bibby）和戴維斯（Baron Davis）受傷無法上場，而且先發後衛尚波特和費爾茲（Landry Fields）尚未從前兩場比賽的疲乏中恢復。

於是，下半場過了四分鐘後，林書豪又回到場上，而接下來的情況很糟糕。他一次上籃沒進，然後幾次無人看管時從中距離投籃也都沒進。一次持球過程中，他兩次嘗試投三分球都差得很遠。尼克隊再度落後了。球評指出，進入下半場後，籃網隊調整了防守方式，既然知道林書豪可以切入，他們就必須阻斷路線，讓他只能投外線。評論員佛萊澤指出，林書豪這一晚的演出可能就此終止。「這個人，」他說，指的是林書豪，「不是很好的中距離射手。」只要防守球員把他壓迫到中距離附近，魔法就消失了。

從場上的情況看起來，球評說的可能沒錯。第三節剩下的幾分鐘，林書豪只再多得一分，是站在罰球線上兩罰中一。

如果林書豪就此失了自信，這場比賽想必早已為人所遺忘；一旦投籃開始碰不到籃框，很容易、很自然地就會變得猶豫。就算觀眾很挺他，就算他的進攻節奏很流暢，林書豪必然也會懷疑自己能不能保持下去。難道剛才的一連串好投只是迴光返照？難道他終究要打回原形，變回原本球技普普的後衛？

◆

抱持懷疑態度的聲音始終沒有停息。如果林書豪變得灰心、洩氣，如果他沒有堅持不懈的力量，那麼二月四日比賽上半場的「林書豪秀」只會是一個小小亮點。

前一晚出戰波士頓塞爾提克隊時，林書豪曾經打了相當的比賽時間。就算他真的有那麼一點潛力，多半也被很糟糕的二流表現掩蓋掉了。林書豪上場後，他衝去搶一個籃板球，卻把球打出邊線，而下一次把球帶入前場，沒兩下又失誤掉球。他第一次從六公尺外投籃沒進，然後在第一節只剩三秒的時候對塞爾提克隊的皮爾斯（Paul Pierce）犯上一規。到了第二節，他又有更多次投籃沒進，接下來直到上半場結束前的八分鐘他都坐在板凳上。那場比賽他上場六分半鐘，投籃三投零中，一次失誤兩次犯規。稍後，《紐約時報》記者貝克（Howard Beck）寫道，林書豪看起來像是一個「實力懸殊、容易驚慌失措、隨便就犯錯的替補球員」。

要他在二十四小時內徹底變身，期望未免太高了。他如何能從前一個晚上的「容易驚慌失措」，到了隔天演出極其自信的表現？因此，當第三節的投籃不再命中，很容易就能做出結論：奇蹟已然結束。現實情況回來了。

但是林書豪堅持不懈。面對艱苦情境，面對懷疑聲浪，他堅持不懈。而真正有趣的地方正是由此開始。

林書豪的故事並不是由他本人開始。他那堅持不懈的力量不是只有他一個人才有，而是有人傳承給他的。了解「林來瘋」的意思是要了解林書豪這個人，而要了解林書豪，就需要了解他所來自的家庭。他個人的故事與更為豐富的家庭故事結合在一起，而說到底，這個家庭的故事又根植於更廣泛的社會與文化脈絡，是由台灣移民和在美國出生的華人交織而成的傳奇冒險故事。

林繼明和吳信信，林書豪的父親和母親，是在一九六〇和七〇年代台灣人的移民潮流中前往美國，一方面在美國追求研究所教育，另一方面與他們的孩子一起追求幸福生活。在當時，亞洲四小龍的經濟尚未起飛，而台灣的未來又緊緊繫於美國變化無常的友誼。

台灣統治階層的子女不太有離開台灣的動機，至於家境小康但聰慧、認真努力且奮發向上的人們，則渴望前往遙遠的彼岸，尋求更美好的未來。當時的一句俗語「來來來，來台大；去去去，去美國」，便是激勵最優秀的台灣學子先進入台灣大學就讀，再前往美國繼續深造。最優秀的學生往往可以拿到美國大學的獎學金，而且特別集中在科學和工程領域，至於沒那麼幸運的學生則必須在美國的中餐廳洗碗、收拾桌子，以支付生活開銷。

有一句諺語是這樣說的：「書中自有黃金屋。」清楚說明那些青年男女為何願意離鄉背井，前往那麼遙遠的地方。留學也是最容易拿到美國簽證的途徑。也因此，在美國的台灣人家庭往往受過高等教育，而且相對富裕，就是因為早期到美國的台灣人都是這個島嶼最優秀、最有企圖心的一群人，他們的才智與企圖心也在從事的領域開花結果。

我自己的岳父母也在同樣的年代來自台灣，在他們身上，我觀察到想要前往地球另一端尋求新生活所需的非凡勇氣。許多人剛到美國的時候沒有什麼資源，只帶著他們自己的聰明與進取心。這些人在二十多歲的年紀，表現得不屈不撓、非常勤勉、以家庭為重，並帶著優良的工作習慣和熱切的決心，在美國這塊充滿機會的土地上建立自己的家園，以此為立足點養育子女、孫子女，且讓一代比一代更成功。早先幾百年的中國移民依靠的是勞力，在這個新家園建立起簡單的生活；新一代的移民則依靠個人的奉獻和優秀的腦力，為他們的後代建立起富足的基礎。

許多這樣的移民，無論來自台灣、中國大陸、香港、新加坡，或者原本定居於印尼和馬來西亞的華人，都在美國建立了說中文的基督教教會。就連原本不是基督徒的移民也都加入，因為這些教會不只提供禮拜的場所，也成為社群的活動中心、養成孩子品格的學校，以及將他們的文化和語言一代代傳承下去的管道。

我在一九九九到二〇〇二年就讀神學院期間，曾在紐澤西州普林斯頓（Princeton）一所華人教會擔任兼職的青少年牧師。看著這些父母煞費苦心地培養孩子的品格與成功，經常讓我感到非常驚訝。所有父母都很愛自己的子女，而不同的文化會以不同的方式表達家人之間的情感。雖然我自己的父母稱得上是道德崇高的人，但我還真的不曾身處於像華人那樣的社群，絞盡腦汁、付出那麼多的努力去塑造自己的孩子，讓他們成功。

這些移民完成研究所學業後，許多人都在美國各大城市從事技術取向的工作，像是舊金山灣區、洛杉磯、亞特蘭大、芝加哥、紐約和波士頓。在美國，今日許多規模最大的中文教會，都是以一九六〇年代末期和七〇年代由研究生組成的查經班為基礎。聖荷西基督徒會堂（Chinese Church in Christ, CCiC）便是其中之一，其前身是加州聖荷西州立大學（San Jose State University）五名華人學生組成的查經班；他們於一九七一年建立第一個會所，漸漸增加到四百多名會眾，後來於一九八六年在山景城（Mountain View）買下一片地產，那是林書豪出生前兩年、林家定居在附近帕洛奧圖市（Palo Alto）的六年前。時至今日，這個會堂與日漸擴張的 Google 園區隔著一〇一號公路彼此相望，距離史丹佛大學也只有短短幾公里。聖荷西基督徒會堂在舊金山灣區周圍分設有六個會堂。

這裡會是第一個深深融入林書豪生活的社群，他們對他的支持也一直持續到今日。現代的體育書寫太過著重於個人和天分，這點充分反映出美國的個人主義。換成華人看待事情的角度，則會認為每個人的樣貌多半與他身邊的人有關，包括父母為他所做的犧牲奉獻、家人對他造成的影響，也與支持、培育他長大的社群脫不了關係。到目前為止，美國媒體傳述林書豪的故事時，一直漏掉這個非常重要的部分。如果抽掉林書豪的人格特質，他就不會成功，而這是多年來由他的家人、他的朋友、他的信仰社群在他內心播下種子，悉心培育而成。

◆

林書豪一家人經由曲折的路線來到帕洛奧圖，包括從中國大陸遷到台灣、由維吉尼亞州到印第安納州，再經由南佛羅里達來到南加州。過程中歷經勞苦和犧牲，但也不斷告訴自己要堅持不懈、出類拔萃，這份心情想必會傳遞給林家的代代子孫。

一七〇七年，林繼明的祖先由中國大陸福建地方跨越海峽到達台灣。（像林繼明這樣的家庭在台灣生活了很多代，因此多半稱自己是台裔美國人而非華裔美國人。）他的父親林新懇逃過蔣介石於一九四七年對台灣人的掃蕩行動後，成為商人和翻譯，他過世的時候林繼明才五歲。後來，林繼明與母親和哥哥從彰化縣北斗鎮搬到台北，並進入台灣大學。美國的老道明大學（Old Dominion University）有一位教授是台大畢業生，他向母校提供一個研究助理的職位，林繼明便於一九七七年帶著公費獎學金和口袋裡的一千美元，前往維吉尼亞州諾福克市（Norfolk）的老道明大學。

林書豪母親吳信信的家庭來自中國大陸浙江省嘉興縣，位於杭州市的東北方。她的外祖父陳惟儉受到新教傳教士的影響，接受了基督教教義。陳惟儉將他的信念傳遞給子女，也將他的身高傳承下去。根據家人所說，他的身高超過一百八十公分，子女也都很高；那樣的身高跳過吳信信這一代，到了林書豪身上又重新出現。這個家庭歷經中國大陸內戰和共產黨掌權之後，於一九四九年越過台灣海峽，在南台灣的高雄建立家園。吳信信和她身為醫師的母親一樣擁有天賦才智，她參與的每一件事都做得很優秀。

吳信信到了美國，取了英文名字「雪莉」（Shirley），而林繼明便是在老道明大學認識了吳信信。他們結了婚，於一九七九年一起到印第安納州的普渡大學（Purdue University）繼續修讀研究所課程，住在西拉法葉市（West Lafayette）一間簡單的小公寓裡。林繼明的博士論文寫的是衛星資料的處理，頗獲好評。

於是，這對年輕夫妻帶著電腦科學（林繼明）和電腦工程（吳信信）的高等學歷，隨著工作地點移居美國各地。最後，一九八五年，他們在加州的帕洛維第牧場市（Rancho Palos Verdes）買了一間房子，這個區域有起伏的山丘和豐饒的田園，附近的海岸也很靠近長灘（Long Beach）和聖派卓（San Pedro）。他們的長子林書雅於一九八七年出生，林書豪出生於一九八八年八月二十三日，這一天剛好是「小飛俠」布萊恩的十歲生日。由於林繼明和吳信信的工作時間很長，又經常出差，林繼明的母親每年會由台灣來美國居住十一個月，因此林書雅和林書豪很小的時候多半由祖母照顧。

根據《紐約時報》報導，他們一家人於一九九二年搬到北加州，花了三十七萬美元在帕洛奧圖市買下一棟平房。即使早在一九九〇年代，這也比帕洛奧圖市的中等房價低了許多，因為此地是全美國最富裕、教育程度最高的社區之一。帕洛奧圖受惠於史丹佛大學，許多快速崛起的科技公司都把總部設在這裡，例如惠普、昇陽電腦等，附近還有一些科技巨人，像是甲骨文和蘋果電腦。一九九二年當時，附近的東帕洛奧圖市（East Palo Alto）是全美謀殺案發生率最高的地方，但帕洛奧圖不一樣，此地滿是精緻商店和林蔭公園，花園修整漂亮的房舍往往可以賣到數百萬美元高價，而且新興的網路公司正從街角紛紛崛起（未來三年間，雅虎和 eBay 都在附近創立）。

如同許多華人移民，林繼明和吳信信考量落腳的地方時，也是希望能讓孩子們獲得最好的機會，雖然這樣表示只能在那個地區購買比較小、比較便宜的房子。他們也很快就在山景城基督徒會堂為自己和孩子們找到一個社群歸屬。他們養育的三兄弟（第三個兒子林書偉剛剛出生）在這裡成長、玩耍，並學習愛上籃球。

◆

林繼明為他的兒子們播下熱愛打籃球的種子。住在台灣時，他只能偶爾飛快地瞥幾眼運動比賽，但已發現自己會看得目不轉睛。於是，他到美國時，心中懷著兩個夢想：一是拿到博士學位，另一就是觀賞ＮＢＡ比賽。一九七七年在老道明大學時，他對籃球的迷戀已然轉為熱情，正如林書豪說的：「我爸爸在一九七七年搬到美國，打開一台電視，然後就愛上籃球。」

林繼明研究籃球的態度，完全與他研究衛星訊號的平行處理一樣嚴謹。他把ＮＢＡ比賽用錄影帶錄下來，反覆觀看，並以籃球巨星們為榜樣，修正自己的動作。昔日湖人隊球星賈霸（Kareem Abdul-Jabbar）的招牌動作「天鉤」是他的最愛；林書豪有一位童年玩伴日後回憶道，他從來沒有看過林繼明用其他招式投籃。林繼明花了好幾年時間，才有足夠的自信到球場找人鬥牛，於是他暗下決心，要讓他的孩子們從一開始就接受適當的籃球訓練。他心裡很清楚，如果從小就學好各種動作，則籃球會「像是他們的第二天性。如果他們把基礎打好，其他就很容易了。」

林書雅五歲時，林繼明等孩子們做完功課後，會在晚上八點半帶林書雅和林書豪（過幾年後林書偉也加入）去當地的ＹＭＣＡ，進行九十分鐘的練習和比賽，每週去三個晚上。隨著男孩們逐漸長大，打球時間也持續到愈來愈晚。林繼明會以籃球巨星們為榜樣，調整孩子們的打法和技巧；他們的跳投模仿「大鳥」柏德（Larry Bird），穿透防守和妙傳的能力學習「魔術」強森，當然還有學自賈霸的漂亮鉤射。

然而，發展出籃球訓練紀律的功勞，則要歸到林書豪的媽媽身上。吳信信是家中各種規矩的制定者、孩子們依照嚴格標準做每一件事的執行者，更是全世界最支持孩子們和他們所追求目標的熱烈擁護者。她的完美主義、她想要做到最好的魄力，以及她認為兒子們應該要學習堅持每一件事、直到能夠駕馭的決心，都讓林書豪具備了打好籃球乃至顧及生活中其他方面的條件。吳信信沒有像林繼明對運動那麼狂熱，不過她學得很快；她之所以學習了解籃球（「J博士」爾文〔Julius Irving〕是她的最愛），是為了與家人分享這部分的生活，並幫助兒子們不斷進步。

在林書豪的成功故事中，吳信信扮演了核心的角色，但她的重要性多半受到低估。我問了蔡美兒，即《虎媽的戰歌》（*Battle Hymn of the Tiger Mother*）作者，這是一本十分轟動的書，激起東、西方教養方式的對話。由於吳信信要求孩子傑出，更高度要求自己必須投入時間和熱情參與孩子們的教育，我問蔡美兒，吳信信是否具有「虎媽」的特質。

「她是典型的虎媽，算是最好的範例。」蔡美兒說。虎媽的要件是「你很相信你的孩子，而且你很願意和他們一起並肩作戰……你要求他們很傑出，但驅使你的力量是無條件的愛，以及深深相信你孩子的能力比任何人所認為的還要強。」

林書豪的高中籃球教練戴本布洛克（Peter Diepenbrock）後來告訴ESPN：「你知道，父母會怎麼告訴孩子說他們做什麼事都沒問題？大多數人只是說一說，但林書豪的媽媽是身體力行。因為這樣，林書豪的高度自信總是帶有一股傻勁。」或者如蔡美兒所說，西方人非常強調天分，但這其實變成一種限制。亞洲父母則強調努力付出可以克服一切。「如果有人早早教導你，凡事只要努力付出就可以做得好，這會讓你得到很大的彈性，於是你幾乎沒有什麼事是做不到的。」

然而，很少有華裔美國人的父母，特別是本身即移民的父母，會允許自己的孩子花那麼多時間打籃球，因為藉此取得長久成功的機會太渺茫了。而且，更少有人會為了她那三個「籃球狂」兒子和多年來他們參加的不同隊伍，一次又一次擔任「球隊媽媽」的角色。吳信信的朋友們勸她不要這樣做，但就像林書豪有一次接受台灣電視台訪問時所說：「她讓我打球，因為她看出打籃球讓我很快樂。」或者如同林繼明的解釋：「很多亞裔家庭那麼注重學業，但是和我的孩子們一起打球的感覺真好。」

林書豪在當地的YMCA第一次打兒童聯盟籃球比賽時，並沒有立刻進入狀況。正如林書雅在二〇〇九年告訴《時代》雜誌，林書豪「整場比賽都站在半場的地方吸吮大拇指，那個球季大概有一半的比賽都這樣」。於是吳信信不再去看比賽，直到林書豪希望媽媽回去看，她才說，如果他努力打球，她就會回去。

林書豪回答：「我會打球，我會得分。」

他說到做到。吳信信去看下一場比賽，結果林書豪得到的分數，是兒童聯盟規定單一選手在比賽中能夠得到的最多分。「從那場比賽之後，」林書雅說，「他就邁開步伐，而且再也沒有回頭。」

◆

吳信信是她的孩子們的頭號支持者，也要求他們凡事做到最好作為回報。林書豪即將從小學畢業時，她發現沒有一流的籃球隊可以讓他一展長才，於是她和其他家長自己組了一個籃球隊。之後數年，她負責聯絡車輛接送籃球隊，並幫忙舉辦餐會和其他特殊活動；同時間她一直在昇陽電腦工作。麥可．巴斯考思卡斯（Mike Baskauskas）的兒子布萊恩後來和林書豪一起成為帕洛奧圖高中（Palo Alto High School）的籃球明星，他說吳信信是「我所碰過最投入的一位家長」。

林書豪的個性很倔強，而且非常不服輸。還是小小孩的時候，他就會拿頭去撞牆，直到獲得了他想要的東西為止（所以，當你看到林書豪在禁區內衝撞身材高大的中鋒球員時，你會知道他從很久以前就很願意「犧牲身體」）。漸漸長大之後，他如果打電動輸了，經常氣得把電動玩具的遙控器扔到房間的另一頭。此外，他的食量很大是出了名的，林繼明便說，他的二兒子的食量等於另外是兩個兒子的食量加在一起（體重也比哥哥和弟弟重了一半）。即使到了現在，林書豪吃下的垃圾食物之多，經常讓隊友看了瞠目結舌、訓練員看了心灰意冷。

他經常表現出傻乎乎的、自我貶抑的幽默感，也很調皮搗蛋、很愛惡作劇。二〇一一年夏天，他在生命河靈糧堂（River of Life Christian Church）的見證會上說了一個故事，他和兄弟在餐廳拿了一些牙籤，等他們的保母在家裡洗澡時，他把牙籤插在保母最喜歡坐的沙發位置上。可是他們的計畫沒有成功，因為保母跑去睡午覺了。幾個小時後，無事可做的林書豪閒晃到沙發附近，沒有多想，一屁股坐在他本來幫保母準備好的那些牙籤上面……結果屁股流血。

林書豪記得自己是個「惡霸」，也是「班上的小丑」，就是會把他的主日學老師弄哭的那種小孩。其實，他所描述的小學生搗蛋行為並不嚴重，也很常見，健全家庭的小孩經常表現出這類反抗行為；他會產生罪惡感倒是一個很好的指標，表示他對善惡觀念的敏感程度要比做壞事的嚴重程度高多了。

吳信協助發展的「美國青少年籃球計畫」（National Junior Basketball program）包含組織一個地區隊伍，到處參加重要的錦標賽。林書豪十歲時，有人告訴業餘運動聯盟（Amateur Athletic Union）的籃球隊教練舒特（Jim Sutter），說他應該去YMCA看林書豪打球。那時候的林書豪「只是個小傢伙」，不過他的天分已經顯露無遺，把球送進籃框的熟練技巧非常不可思議。

在舒特帶領的業餘運動聯盟球隊裡，林書豪參加的前兩個球季是打得分後衛的位置。控球後衛（一號後衛）負責把球帶到前場、分配球，並執行教練指示的進攻戰術；得分後衛（二號後衛）則可以讓自己站到無人防守的投籃位置，或者在行動中接取傳球，製造得分的機會。得分後衛是為了超級會得分的球員設置的，像是「籃球大帝」喬登（Michael Jordan）、艾佛森（Allen Iverson）、卡特（Vince Carter）、麥基迪（Tracy McGrady）和布萊恩，而這些球員都是林書豪的偶像。像他們一樣，林書豪充滿得分的欲望。

在十二歲以下的全國錦標賽中，球隊總是很難把球帶到前場。舒特教練為了突破防守，決定把他麾下最好的球員放在一號後衛的位置上，而林書豪不肯。

「你要打一號，」舒特說，「因為那樣對球隊最有好處。」

從那之後，雖然林書豪常常吵著「今天打二號」，舒特仍舊集中心力訓練他做好三重威脅：練熟運球、傳球、得分。林書豪跟著舒特打了五個球季，四次參加業餘運動聯盟的全國錦標賽。他後來總會提起舒特，這位教練很相信他、照顧他，是他多年來的良師益友，也是神為林書豪特別提供的一條道路，是他進入ＮＢＡ需要準備好的基礎。

他們兩人互相讚美對方。「很多孩子是非常好的球員，」舒特對《舊金山紀事報》說，「但是舞台變大了之後，他們會退卻。至於林書豪，他一定會發光發熱，他就是會發光發熱，只要他受到注意。那就是他的性格。他決心要成功。」

哥哥林書雅在亨利．古恩高中（Henry Gunn High School）的第二校隊打球時，林書豪志願去當計分員，而古恩的球員進行體能訓練時，林書豪也在邊線跟著跑。年復一年，他變得愈來愈強壯，籃球技巧也與日俱進。根據舒特教練的回憶，無論他們何時上場，林書豪都可以說是球場上最好的籃球員。這讓他非常神氣。

這也是他需要的。二〇〇〇年，帕洛奧圖市的總人口有百分之十七是亞裔美國人（二〇一〇年達到百分之二十七），所以在當地球隊與亞裔美國人打球並不是太稀有的事。林書豪的高中教練戴本布洛克表示，在林書豪小時候那些年，「他的種族從來不是大問題」，因為他們住在一個擁有多元文化的進步地區，不過我對這點持保留態度。應該這麼說，戴本布洛克就像許多不是亞裔的美國人一樣，並未注意到或了解到什麼事情是會傷人的。「我的成長過程當然碰到很多麻煩，」林書豪在二〇〇九年接受ESPN訪問時談到，「就是完全缺乏尊重。人們不認為我可以打球。」

他們四處征戰時，總是有其他球員叫林書豪把眼睛睜大一點或滾回中國，不然就是叫他去數學社團或打網球。有人叫他「餛飩」或更糟糕的名稱，每一位亞裔籃球員都聽過那樣的名稱。換句話說，他聽過大大小小無數種叫法，都與球場上「真正的運動員」無關，除非他向那些「真正的運動員」表現出誰才是真正的運動員。

有一句日本諺語是這樣說的：「冒出尖頭的釘子遭鎚打。」也有一句類似的中國諺語說：「槍打出頭鳥。」林書豪一開始會生悶氣，而他爸爸勸他，聽到種族方面的奚落最好保持冷靜。「為你的學校贏得比賽，大家就會尊敬你。」但是林書豪常常忍不住，有時候很想回嘴，或者羞辱那些奚落他的人以討回公道。那些言語令他痛苦、憤怒，雖然他不會每次都表現出來。

（諷刺的是，現在如果有亞裔美國人單獨走在路上，比較不會被叫「姚明」，而是叫「林書豪」。所以，人們不再對林書豪叫著嘲笑亞裔的綽號，他自己就是個亞裔綽號。）

◆

林書豪進入珍妮·拉索普·史丹佛初中（Jane Lathrop Stanford Middle School，收五到八年級的學生）就讀，當地人簡稱它為ＪＬＳ，暱稱「美洲豹之家」。他繼續跟著舒特教練和業餘運動聯盟籃球隊打球，並在暑假參加一些籃球營。戴本布洛克教練第一次見到林書豪是他念五年級的時候，留下的記憶都是最高的讚美。他說，林書豪「個子非常非常小，不過是非常好的選手，有非常好的直覺、非常好的手感，領導能力也很突出。」而經過幾個球隊、籃球營和鬥牛比賽的歷練，林書豪認識了一些城內最好的籃球員，幾年之後，許多人都在帕洛奧圖高中成為他的隊友。

上了六年級之後，林書豪去參加戴本布洛克的暑期籃球營，由於他抱怨裁判，這位眾所皆知的嚴格教練對他大聲咆哮。林書豪哭了，往後三年都沒有再去找戴本布洛克。「那天回家後，我再也沒有回到他的訓練營。」林書豪後來對帕洛奧圖高中的體育刊物《維京人》（*The Viking*）說道。「從那以後，我就支持古恩高中……我一直沒有和他談話，直到成為高中新生出現在校園裡。」

莫凡（Fred Mok）是聖荷西基督徒會堂的一名傳道，他記得參加靈修與教會比賽時曾和林書豪打過籃球，從林書豪十三歲時開始。林書豪特別喜歡蓋火鍋。「他看起來很不起眼，就是典型的亞裔小孩，但他就是能擊潰別人。」

最大的問題在於林書豪會不會長高。由於生日在八月，他通常是班上個子最矮的小孩。在初中校園裡，身高只有一百五十公分，講得客氣一點，要在籃球方面有所發展實在大有問題。「每個人都知道他是最好的球員，」戴本布洛克說，就算發生咆哮事件，他依然繼續觀察林書豪的發展，「問題在於他以後能長到多高。」林書豪每天練習結束後回到家都會問他父母，他究竟會不會長高。只要長高到一百七十多公分，他進高中就有能力打控球後衛。而要成為優秀的大學球員（當時沒有人有一丁點念頭認為他可以進ＮＢＡ），他最好再長高一點，不過長到平均身高以上的可能性似乎很渺茫。

「我並沒有預期能在大學打籃球，」他在二〇一〇年這樣告訴我，「說老實話，我連能不能在高中打球都不曉得。」

◆

當然了，籃球只是林書豪生活的一部分。他很愛打電動玩具，特別是單人射擊遊戲，像是「絕對武力」（*Counter-Strike*）；他也很愛吃東西。根據各方說法，三兄弟是彼此最好的朋友。他們每天晚上要花好幾個小時做功課，而林書豪是個很專注的學生，立志要當醫師。他在學習中文方面稍微沒那麼熱中，如同許多第二代的華裔美國人（特別是在舊金山灣區），他聽得懂中文，但是沒辦法說得很流利。

每逢星期天，他們一家人固定參加山景城基督徒會堂的禮拜。與許多一九六〇和七〇年代由移民成立的華裔美國人教會一樣，聖荷西基督徒會堂同時提供中文和英文禮拜。中文禮拜通常是老一輩教徒和教會創辦人那一代來參加，英文禮拜則吸引年輕人、年輕夫婦家庭，以及少數性格堅毅勇敢的老一輩教徒，他們想要與自己的子女一起做禮拜。個性比較沉默寡言的林繼明通常參加中文禮拜，吳信信則陪男孩子們參加英文禮拜；林書豪加入了初中青年團契，而吳信信全盤參與孩子們的活動，經常可看到她摟著女孩子們，和林書豪的朋友開心聊天。

過去二十年來，林家的財務狀況因為大環境的經濟波動而迭有起伏，就算有時手頭較緊、偶有轉職，他們仍為男孩子們提供穩定的成長環境。前來聖荷西基督徒會堂的家庭多半相當富裕，住著乾淨整齊的大房子；林家的房子比較屬於中產階級，而根據朋友們的描述，林繼明和吳信信花了很多時間陪伴孩子們追求興趣，也就比較沒有閒暇打掃和烹飪了。他們那略顯樸素的家，充分反映出夫妻倆的優先順序，顯示他們對於支持孩子們的熱情有多麼投入。

即使林書豪與父母偶有意見不同，基本上他非常愛自己父母，很尊敬他們。他的父親看著男孩們打球，得到極大的樂趣。我曾問林書豪關於爸爸對他打籃球的鼓勵，他立刻把媽媽拉進來。「我很尊敬我父母，」他說，因為「他們很努力教我以敬神的態度打籃球。」他們關注的比較不是統計數據和勝負資料，而是他的品格。如果他很突顯個人表現卻亂發脾氣，所有人都會著眼於他的表現，但他父母會緊盯他的行為，他們寧可看他打球時抱持著信念和正直之心，而非把道德的一角切下來換取勝利。

有個既定印象是這樣的：一般來說，亞裔美國人（特別是華人的後代）太過顧慮父母的看法。這一點不僅深深根植於孔子說的「孝道」，也與移民經驗對於第一代和第二代華裔美國人的特殊影響有關。這些移民的子女很尊敬父母、使父母增光，並讓父母的極大影響力持續到他們成年，是要表現出子女對父母的感恩。他們明白父母為了子女所歷經的困苦與犧牲，也很清楚知道，父母為了他們的成功所做的投資，遠遠大於子女自己的投入程度。

許多亞裔美國人都會認同林書豪在生命河靈糧堂見證會上說的一個故事。他說，有一天，他認為自己應該向周遭的人表達更多的愛，於是決定對爸媽說他愛他們。很多第一代的亞裔美國人父母無法很熱情地說出內心情感，而光是想到這一點就讓林書豪擔心到流汗。他們會怎麼回答呢？他實在太緊張了，以至於把那三個字黏在一起，很快地說出口：

> 我好像說：「嗨媽……外你。」她好像說：「什麼？」我說：「外你。」她還是沒聽懂，所以我說：「我……愛……你。」她說：「喔，我也愛你。」不過我以前從來沒有對我媽說我愛她，這對我來說實在很困難。後來有一天，我對哥哥說這件事，結果他嘲笑我。

林書豪的父母很少用言語表達，但他們的行動是很有說服力的證明。林繼明和吳信信花了難以想像的大量時間，為孩子提供很多機會及全心的支持，讓他們所受的教育和其他興趣成長茁壯。

◆

漸漸地，原本對林書豪還沒有太大意義的基督教福音訊息，開始產生比較深刻的效果了。如同林書豪自己所說，對於「天生太過自信和不服輸」的人，要花一點時間才能學習到何謂謙遜和罪惡，以及需要贖罪來滌淨靈魂。

目前在聖荷西基督徒會堂擔任英文集會牧師的陳光耀（Stephen Chen），當時擔任志工，主要負責協調高中青年團契的聚會。他們第一次見面時，林書豪是個念初中的搗蛋鬼，很愛吵鬧。一天是教會的清潔日，林書豪在教會四周跑來跑去丟籃球，不想認真做事。陳光耀把他拉到旁邊，叫他停下來。那天晚上，林書豪告訴媽媽，只要陳光耀還負責青年團契，他明年就不要去。那時吳信信從來沒有見過陳光耀，於是她和陳光耀約時間見面，因為她急著想謝謝陳光耀糾正她兒子。

林書豪顯然克服了他的疑慮。等到他升上九年級，加入高中青年團契之後，他發現自己積極朝著信仰前進，這是他從來沒有體驗過的。這個團契是每週五晚上聚會，大家一起玩遊戲、唱詩歌和查聖經。林書豪就此愛上「基督教團契聚會」，或者基督徒彼此分享的經驗，畢竟他們是因著共同的信念和承諾、熱情和目標而組成一個團體。

林書豪是在九年級的時候自己選擇受洗，等於公開宣告這份信仰。基督教信仰不再專屬於他的父母和哥哥了。事實上，陳光耀看到林家年紀較長的兩兄弟「對籃球這麼狂熱」，便和他們倆約定好，如果他們教他打籃球，他就教他們讀聖經。於是，星期五晚上的聚會結束後，他們三人再加上林書雅的朋友羅傑，一起去史丹佛大學校園找大學生打籃球，一直打到半夜一、兩點。陳光耀告訴我：「他那時候就可以教大學生打球了。」打完球後，他們經常跑去丹尼斯（Denny's）餐廳吃東西，混到三更半夜才回家。

還要再過個幾年，林書豪才會了解信仰對他打籃球的方法所代表的意義，但他在九年級時已然了解，信仰對他生活的其他方面帶來非常深刻的意義。他曾經告訴我：「就在那個時候，福音真正開始讓我覺得很有道理，我也準備把我的生命交給神。」

◆

如果林書豪的人生是一幅畫，那麼到目前為止，我們才剛開始在畫布的邊緣塗上顏色。不過如果後退幾步，對整張畫布很快地瞥一眼，你會發現有一些很值得欣賞的部分已經開始浮現了。

林書豪父母的祖先都來自中國大陸，他的父母則由台灣前往美國定居。華裔美國人基督徒有著強烈的願望，希望看見基督教在他們祖先的家園發展興盛，因此華裔美國人教會有個很大的理想：神帶領他們到達彼岸，讓他們建立了相當的經濟和靈性能力，足以在祖國把基督教的大門打開得大一點。華裔美國人會對他們的家園提供協助，希望把神的好消息傳遞回去。

林繼明帶著兒子們到ＹＭＣＡ，讓他們操演上千次的籃球訓練時，或者吳信信開車載著林書豪趕赴另一個籃球營時，他們幾乎完全沒有預想過，自己的兒子會在二〇一二年進入尼克隊、連續贏了七場比賽，成為全世界最知名的運動員之一。假如你曾向他們說明，經由他們旅居美國、經由他們自己的汗水與犧牲，終會養育出有一天成為華人世界最著名的基督徒運動員的兒子，並藉此對華人說出他的信仰對他的意義有多麼重大，他們很可能不會相信。

然而這是一個真實的故事，故事中一而再、再而三挑戰不可能的任務，無論基督徒或非基督徒看了都會十分激賞。這是一個跨越時空的故事，從一位住在中國大陸的外曾祖父接受新教傳教士改變他的信仰開始，經過兩位勤奮的台灣學生飛到美國維吉尼亞州、墜入愛河，直到在加州生下三個熱愛籃球的兒子，最後產生這樣一位非凡的籃球員，而他要以自身作為平台，將基督教的福音一路傳回華人世界。

在林書豪眼中的世界，這些事並不只是巧合而已。

第三節剩下三分鐘，林書豪目前得了七分。對林書豪來說，二月四日對籃網隊的比賽已經是很特別的一場。但是它還沒有在歷史上產生重大意義；而且，他在這個晚上的好運似乎已經用完了。

然而林書豪堅持不懈。關於堅持不懈的這則寓言，是從他的曾祖父那一輩開始說起，而故事的最後來到他身上。林繼明和吳信信飛過半個地球，身上的行囊約莫只有幾件衣服。儘管要面對各種困難，他們都以奉獻和勤奮工作的精神一一克服。在林繼明的家庭裡，你永遠不會喪失對籃球的熱情；在吳信信的家庭裡，你永遠不會輕言放棄。而在聖荷西基督徒會堂的社群之中，你永遠不會喪失與神同在的信念，就連不可能都會變得可能。

接下來發生的正是那些不可能的事。這麼多年以來，那顆定時炸彈由林書豪的父母、兄弟、朋友和牧師細心組裝而成，如今已準備停止計時。引爆的時候終於到了。

這場比賽的最後十五分鐘，林書豪將會得到十八分。

一開始是快速突破到籃下，被犯了一次規，從罰球線投籃得分。觀眾愛死了。神奇魔法秀顯然還沒結束。接著，這一節只剩下幾秒時，正如電視主播布林說他一定「用盡全力」，林書豪突破防守，又來了一個三分打。觀眾全都站起來了。

令他們興奮的不只是得分，而是熱情。林書豪持續挑戰對方的防守，無所畏懼地猛攻籃框，並和遠比他高壯的球員正面碰撞。麥迪遜廣場花園的幽靈醒來了，「林書豪！林書豪！」的反覆呼喊響徹場館。林書豪把尼克隊帶回到兩分的差距。

然而如同所有的偉大故事，最精彩的一幕必然保留到最後。第四節過了九十秒後，林書豪投進的兩分球涮籃而下，讓板凳上的球員全都興奮得衝出來，也讓觀眾明白比賽還大有可為。幾分鐘後，他衝到禁區頂端，急停，然後跳投，再來一顆空心球。原來他的中距離投籃問題也不過如此而已。布林說：「現在滿場觀眾的『林書豪！』喊聲如雷貫耳。」

林書豪只會變得愈來愈有侵略性。距離終場剩下五分鐘，尼克隊領先兩分，菜鳥尚波特抓到一個進攻籃板，把球傳給站在球場中央尼克隊徽附近的林書豪。接到這樣的傳球，林書豪並沒有嚇得連站都站不穩、讓資深球員去面對這樣的壓力，而是傾身踏步，一個箭步衝向籃框。三名防守球員向他聚攏過來，其中兩人的身高比他高了十五公分，但林書豪跳起來，扭身，然後反手上籃打板得分。

眼前的情景實在太不可思議了，球迷們在驚愕之中彼此對望，無法相信自己的眼睛。「麥迪遜廣場花園這裡上演著林書豪秀！」當天晚上布林第二次講出這句話。

然而，這場比賽林書豪打出的最精彩一球，出現在終場前兩分鐘的時候。前一次進攻時，林書豪帶球閃過兩名防守球員，很辛苦地運球到籃框附近，賺到犯規罰球但沒有投進。而這一次，身高二一三公分的錢德勒擋在禁區頂端，林書豪再次帶球過人，絆了幾步又把球拿穩，閃過另外兩名向他飛撲而來的防守球員，跳起，把球放進籃框，還賺到犯規罰球。林書豪數次奮力振臂，布林忘情大叫「哇！」，而現在其他的尼克隊員全都像發育過度的小學生一樣瘋狂亂跳。觀眾站起來了，現場一片歡騰。林書豪罰完球後，他讓尼克隊以九分領先。沒多久，他又表現另一次快速帶球過人、另一次切入到籃下、另一次上籃得分，只聽到布林大喊：「這下子觀眾要瘋掉了！尼克隊球員忍不住微笑甚至大笑。」到了這時，比賽結果再也不是問題了。

終場鳴聲響起時，林書豪的隊友們蜂擁到他身邊，抱著他、拍他的背、摸摸他的頭。他不僅在每個重要項目都創下生涯新高，包括二十五分、七助攻、五籃板，而且每一節的表現都愈來愈好。鮮少離開板凳的球員往往會施展不開，或因為面對場上壓力而畏縮，但林書豪在第一節抱了鴨蛋、第二節得六分、第三節七分，到了第四節得到十二分。

那天晚上球迷離開時興奮得發狂，透過電子郵件、部落格、臉書和推特，把他們剛才目睹的這個異乎尋常的事件傳播出去。

這很異乎尋常，對吧？林書豪打敗的籃網隊，他們的防守能力是NBA網站評論員舒曼說的「過去二十年來最差的防守，差距很大」。林書豪的「魔法之夜」結束了。這是肯定的，因為尼克隊下一場要面對的是很難對付的猶他爵士隊（當時戰績為十三勝九敗），一切將會恢復原本的秩序。可以肯定的是，這場「奇蹟」不會再次出現。

對吧？

>>

Game 2

猶他爵士隊

神祕與奇蹟的方式

林書豪在NBA先發的第一場比賽，是他一直以來等待的機會。早在高三的一場骨折意外，就讓林書豪明白：一切不是理所當然，機會稍縱即逝。

與紐澤西籃網隊的比賽結束後，各方評論對林書豪頗多讚美，但絕對還有所保留。專欄作家馬季（David Magee）在《國際財經日報》（*International Business Times*）寫道，林書豪「打籃球的方式，正是曾讓人覺得ＮＢＡ很精彩的打法」，他也提起那天直到很晚，林書豪的名字在推特不斷擴散。林書豪則在比賽後，在推特上面對他的二萬六千名關注者送出自己的訊息：「在我們起起伏伏時，神是好的！很高興我們贏了！」哥倫比亞廣播公司體育台（CBS Sport）的柏格（Ken Berger）稱讚林書豪帶領尼克隊進攻，不過對於投籃的高命中率，他說那是「僥倖」，而丹東尼教練開始考慮對爵士隊時以林書豪為先發球員一事，「比任何事更能說明尼克的絕望狀態」。

星期一晚上，尼克隊再次於主場對上爵士隊。星期六晚上贏球之後，球迷們發現在麥迪遜廣場花園買不到林書豪的球衣，於是這一天穿著自製的T恤回來看「林書豪秀」。林書豪也真的得到他在ＮＢＡ的第一次先發機會，但是尼克隊的前景並不怎麼好。

這天稍早，明星球員史陶德邁爾（Amar'e Stoudemire）的哥哥在車禍中喪生，他已飛到佛羅里達陪伴家人，球迷和球員為此默哀片刻。比賽開始之前，林書豪和隊友們互相擊掌激勵時，主播布林說，由於你不能期待林書豪「很接近」對籃網隊打出的數據，「你只能希望」他可以執行進攻戰術。評論員佛萊澤讚嘆他真是個「謙虛的孩子」，「他似乎對所有人的注意感到不好意思，把所有功勞歸給球隊……不過現在他身上顯然有很大壓力。」他指出，對手球隊這次會準備好。

第一次持球進攻時，主播還在談論林書豪剛獲知成為先發球員時得到的熱烈掌聲，林書豪就把球傳得讓傑佛瑞斯差點接不到，導致二十四秒進攻違例。「想像他心裡七上八下的。」布林說道。爵士隊把他逼到左邊，那是他比較弱的一邊。此後不久，林書豪對爵士隊控球後衛哈里斯（Devin Harris）犯上一規；對林書豪的球迷來說，這場比賽並沒有一個充滿希望的開場。

不過上一場對籃網隊時，林書豪一直保持沉著。比賽進行到四分半鐘時，他巧妙閃過爵士隊得分後衛貝爾（Raja Bell）、繞過中前鋒傑弗森（Al Jefferson），在籃框下面繞了一圈，然後反身端籃打板得分。爵士隊反攻時，尼克隊的傑佛瑞斯把球拍走，由費爾茲帶球到前場，傳給林書豪再一次上籃得分，尼克隊很快取得五分領先。

尼克隊跑出一波開局領先，可是過沒多久，他們的前景就遭受另一個打擊。「甜瓜」安東尼在一次反攻時跑向前場，結果變得一跛一跛。他傳出一個高吊球，讓錢德勒雙手灌籃得分，但是尼克隊盡快叫出暫停，讓安東尼離場。他不會回到場上了。尼克隊這兩名多次入選明星隊的球員、他們希望之所繫，都不在場上了。

其實在那天晚上，這不是唯一與受傷有關的消息。本來應該擔任先發控球後衛的老將戴維斯，自從十二月就因為背傷無法上場；他很努力復健，期待能盡快回到場上。也因為戴維斯即將歸隊，本來尼克隊才會打算把林書豪裁掉，不過戴維斯又發現手臂受到感染，無法訓練，歸隊時間可能延後。

碰巧，林書豪很了解受傷是怎麼一回事。他也很了解機會稍縱即逝。

二〇〇二年夏末，林書豪進入帕洛奧圖高中就讀，當時他的身高為一五八公分，對籃球的熱愛可說是人小志氣高。他那五十七公斤的身材，幾乎連一隻剛出生的小貓都嚇不倒。既然他的父母都只長到一六五公分左右，要想像林書豪能長高到可以打籃球，實在太可笑了。此外，他是亞裔美國人，難道不是應該去打羽球嗎？

事實上，林書豪真的會打羽球，他還說，他和他的雙打搭檔「無人能敵」。

也大約是在這個時候，林書豪對陳光耀牧師說，他要長高到一八〇公分，要灌籃，要去打NBA。在當時，他能長到一五八公分就要很感恩了，上述的想望顯得十分荒謬。「我問他，你要怎麼達到目標，」陳光耀說，「他說：『每天都喝牛奶，吃鈣片。』」我想，現在大家都看得出這種方法有沒有效。

林書豪就讀帕洛奧圖高中期間（二〇〇二到〇六年，四年制，九到十二年級），這所學校的學業表現是加州排名前十名的公立高中。學校隔著國王大道（El Camino Real）與史丹佛大學運動場相望，位於史丹佛校園和綠樹如蔭的安靜社區之間，那裡的社區居民多半是富裕的大學職員和校友，也有少數負擔得起房價的教授住在那裡。帕洛奧圖高中的知名校友包括美式足球四分衛哈伯格（Jim Harbaugh），他現在是舊金山四九人隊的教練；另外還有男演員詹姆斯法蘭柯（James Franco）、民謠歌手瓊拜雅（Joan Baez）、億萬富商老亨茨曼（Jon Huntsman, Sr.，他是二〇一二年美國共和黨總統參選人洪博培的父親）、傑佛遜飛船合唱團（Jefferson Airplane）主唱葛瑞絲斯利克（Grace Slick）、俄勒岡州參議員魏登（Ron Wyden），還有數十位職業運動員和奧運選手。

簡言之，這所學校滿是出色、優秀的學生。學校裡有許多學生辦的雜誌和報紙，有自己的電視台、頂尖的機器人比賽和辯論賽隊伍、有劇場和音樂演出，同時有個無懈可擊的校園。連學生們也看似整整齊齊。其實每一所高中有各自的瘋狂行徑，而帕洛奧圖高中又比其他學校更瘋狂一些。

帕中校園景觀與史丹佛大學相呼應，二者都屬於西班牙佈道院風格建築，有著紅磚屋頂和開闊的綠地。但是對運動員來說，這個學校和其他公立學校一樣，要面對一個很大的不利條件，即不能招募特定的學生。如果有一位成功的教練（通常薪水很高）在一所私立學校成立了非常棒的體育訓練計畫，它會像磁鐵一般，吸引各地最有潛力（也要有能力支付學費）的優秀運動員前去就讀。在高度競爭的加州高中體育界，實力最強的多半是私立學校，例如聖母（Mater Dei）、德拉薩（De La Salle）、奧克斯基督教學校（Oaks Christian）和米提大主教（Archbishop Mitty）等高中。無論從事哪一項運動，有很高比例的州冠軍選手都會去念私立學校，那些學校也會為運動員的訓練計畫挹注最多的經費。

帕洛奧圖高中要與那些私立學校巨獸競爭，可以說一開始就居於非常不利的位置。

既然先前林書豪讀的是史丹佛初中，正常來說他會升上古恩高中。他哥哥林書雅在古恩高中打籃球，而且林書豪那時候不喜歡帕洛奧圖高中籃球隊的戴本布洛克教練。不過林書豪有自由選擇的權利。後來他在二〇〇八年告訴《維京人》雜誌（帕中學生自辦的體育雜誌），他其實是站在帕中這一邊，先前之所以念史丹佛初中，只因為那邊認識的同學比較多。無論如何，他選擇就讀帕洛奧圖高中。這是個命運的抉擇。

等到林書豪升上哈佛大學之後，帕中有個名叫郝爾（Ed Hall）的學生面臨一個小小的質疑；郝爾來自澳洲，年紀比球場上的其他籃球員要大一些。有些人質疑戴本布洛克教練招募球員，包括有名的林書豪，因為他本來應該去念古恩高中。

那些指控缺乏實際證據。林書豪並不是受到招募而來，事實上在他的正面和負面事項一覽表上，戴本布洛克教練是位在「負面」那一欄。許多年之後，這位脾氣暴躁出了名的教練變成林書豪最要好的朋友和導師，但在當時，林書豪還沒有原諒三年前這位教練在籃球營對他的咆哮。即使是古恩高中的知情人士也承認，林書豪沒有受到招募。

而就算他不是受到招募，他選擇帕中的理由也有一些不同的說法。很多人都聽說過，林書豪（而且合理猜測是林家人）認為哥哥林書雅在古恩高中沒有獲得適當的打球機會；雖然林書豪否認，但不少人堅稱他之所以沒有去念古恩高中，是因為擔心同樣的事也發生在他身上。林書豪本人倒是提出另一個理由，他說他去念帕中的原因，是因為那個學校有「好到不行的科學學程」。

對大多數美國高中生來說，這聽起來也許是個令人無法信服的荒謬藉口，但對林書豪來說是有道理的。即使他曾對陳光耀牧師誇下海口說他要去打NBA，其實他心知肚明，「成為職業籃球員」對於未來的經濟狀況是一項賭注。媽媽吳信信曾警告他，打籃球沒有辦法支付帳單。所以他打算成為醫師。正如他於二〇〇八年對《維京人》雜誌所說：「在古恩，他們讓你上的是基礎科學課程，而在帕中，你可以直接從生物學到化學再到物理。」這所學校的科學學程架構可以讓他早一點修讀到進階科學課程，而這比較符合他想當醫師的抱負。

由於林書豪做了這樣的選擇，後來帕中籃球隊與古恩高中比賽時，古恩的學生會特別熱烈地對他喝倒采。等到林書豪畢業離開、並爆發那個小小的招募傳聞後，古恩的學生又將他們的失望之情發洩在林書偉身上，因為弟弟跟隨哥哥的步伐，選擇到帕中打球。事實上，在一場作客古恩高中的比賽中，觀眾對林書偉的噓聲實在太驚人了，逼使校長不得不介入阻止。

◆

帕中體育館充斥著綠色元素（維京人隊的主色是綠色和白色），好幾條冠軍錦旗從天花板垂掛而下，也有許多歷史紀錄條列在牆上。觀眾席位於球場上方，所以觀眾宛如看著戰士們在下方的競技場上比賽。球員必須爬上一道漆成綠色的階梯，才能到達看台上的親友身旁，而主場的球迷總是集中坐在自己球隊的同一邊。吳信信往往提早到球場幫忙處理瑣事，或者查看對手球隊的攻守統計數字；林繼明（他依然很重視錄影帶的效用）則在客隊那邊的遠處角落架設錄影機。

高中第一年，林書豪打的是第二校隊，不過參加了主力校隊的季後比賽。他有機會可以離開板凳，為球隊貢獻助攻和三分球，但主要還是由學長們帶領球隊贏得「中部海岸區」（Central Coast Section, CCS）二〇〇二到〇三年球季冠軍。林書豪和前鋒米勒（Cooper Miller）共同選上第二校隊最有價值球員（MVP）和全聯盟最有價值球員獎。在球季結束的聚餐中，一年級球員的教練向所有人大膽預測，林書豪「有很好的球技，比我所看過他這個年紀的任何人都好」。

到了高中二年級，林書豪已是主力校隊的先發球員，他與戴本布洛克教練的關係也改善了。學生口中的「戴本教練」（Diep）自己有著輝煌的高中運動員生涯，在加州的柏林甘高中（Burlingame High School）參與多種運動項目，並在籃球項目獲得聯盟賽、地區賽和北加州分級賽的最有價值球員獎，也入選最佳球員第一隊的榮銜。他曾在丹麥國家女子籃球代表隊擔任教練，後來回到美國，在加州大學戴維斯分校擔任助理教練，一九九七年接任帕洛奧圖高中的職位。脾氣暴躁、熱情、嚴格，他是會在年輕球員心中占有巨大地位的那種教練；不過他也很風趣，有時候不太正經，很快便能與一天到晚嬉鬧或講粗魯笑話的男孩們建立友誼。戴本教練要求在球場上表現傑出，也嚴格要求球員生活的每一方面。戴本布洛克教練和舒特教練都與林書豪亦師亦友，也在林書豪的成功之中扮演重要一角。

在戴本布洛克的領導下，球隊逐漸進步。有好幾位重要的四年級學長畢業離開了，不過有球技逐漸成熟的林書豪加入，還有身高一九五公分的大前鋒布萊恩・巴斯考思卡斯（Brian Baskauskas），他的傳球技巧很好，外線投籃更是厲害。

有一場比賽特別值得紀念，那天是二〇〇四年二月十二日的「四年級之夜」（Senior Night），在球季的尾聲對上宿敵古恩高中。那天是四年級球員在帕中體育館的最後一場球季例行賽，也是戴本布洛克教練的四十歲生日。有一位備受愛戴的前任教練最近過世，於是比賽開始之前有個表揚儀式。看台上滿是校友球員，因此整場比賽情緒高漲。也許情緒太過頭了，中場休息時，帕洛奧圖維京人隊以二十比二十四落後古恩巨人隊。

第三節兩隊你來我往，然後進入第四節。到了最後幾分鐘，維京人隊落後七分，不過他們努力讓古恩接下來都沒有得分，古恩有七次持球被他們抄截六次。林書豪一次投籃得分，並做出一次助攻，然後投進一個三分球，讓比賽拉近到四十六分平手。巨人隊發球進場時，林書豪把球抄走，賺到一次犯規，罰進兩分。終場前八點七秒，他又罰進最後一球，保住球隊的勝利。

林書豪包辦球隊最後十分之中的八分，而且助攻得到另外兩分。這位二年級生開始從學長後面冒出頭來了，不過即將有許多事情接踵而來。

這次擊敗古恩高中，讓維京人隊的成績為二十二勝三敗。接著帕中又贏了兩場比賽，讓本季最終成績為二十四勝三敗，積分並列聯盟賽之冠，以第二種子之姿，準備衛冕中部海岸區錦標賽。

◆

在第一輪比賽中，聖克拉拉高中褐熊隊（Santa Clara Bruins）取得開場的領先，但林書豪讓情勢逆轉。第二節過了四十秒後，林書豪抄到一球，衝到底線上籃得分。下一次持球時，他投進一個三分球，讓維京人隊轉而領先。他們在半場結束前維持一分領先，然後在第三節攻進二十五分，只讓對手得了七分。最終他們以五十八比四十五贏得比賽。「有時候我們發動得比較慢，」林書豪在賽後表示，「不過一旦發動，我們就勢如破竹。」

這樣說並不完全正確。下一場比賽是中央海岸區錦標賽的準決賽，維京人隊碰到一場始料未及的挫敗。第一節和第二節結束的時候，帕中都帶著三分的領先，但兩隊勢均力敵進入第四節。終場前十二點八秒時，巴斯考思卡斯兩次罰球都進，讓維京人隊以兩分領先，但是北沙利納斯高中（North Salinas）的大前鋒拉默斯（Marco Ramos）同樣兩罰都進，讓比賽進入延長賽。加時四分鐘後，巴斯考思卡斯和北沙利納斯高中的中鋒佩提（Eric Petty）先後進球。延長賽剩下十六點八秒時，球隊落後兩分，這時巴斯考思卡斯投進一顆三分球；北沙利納斯高中趕忙帶球到前場，一次跳投未進，不過佩提在禁區內搶到進攻籃板，投進致勝球。維京人隊心碎地輸掉延長賽。

對一個目標更高的球隊來說，輸球非常傷心，但是林書豪、大前鋒米勒、小前鋒布朗（Steven Brown）這些二年級生打得非常賣力，也打得好極了。等他們升上三年級後，三個人都名列學校新聞網站《帕中之聲》（*Paly Voice*）冊封的「星光六人」（Stellar Six）。明年巴斯考思卡斯也會回來打球。而林書豪繼續囊括各種獎項，包括年度最佳二年級球員。

林書豪在二年級還得到另一項很大的勝利：他會灌藍了。其實他的個子還是不高，有一天回到家，他對心存懷疑的父親說，他那天第一次灌籃了。由此可以充分看出他對運動的全然熱愛。就算他缺乏一些NBA巨星所擁有的高壯體型，打籃球的能力倒是毋庸置疑。他速度快，打法積極，而且跳躍能力極佳。《運動畫刊》資深作家泰勒（Phil Taylor）住的地方距離帕中只有幾公里遠，他還記得「很多對手的後衛表情扭曲，半是驚訝、半是厭惡地看著他飛也似地掠過他們身邊，攻擊籃框。」他對《舊金山紀事報》說，那種表情「似乎表示他們一時無法判斷，那個瘦巴巴的亞裔小子好像把他們當做橘色的交通錐，究竟是讓他們比較震驚還是生氣。」

而在球場外，林書豪的高中生活和大部分多才多藝的亞裔美國人沒有兩樣。他是學生報紙《鐘樓報》（*Campanile*）與新聞網站《帕中之聲》的編輯和記者，主要撰文報導各項運動維京人隊的戰績。他也修讀進階分班課程，為自己訂了很高的學業標準。如同他接受《帕中之聲》的凱蒂・曾（Katie Tseng，音譯）訪問時表示，他的目標是高中畢業時「沒有一科或只有一科是B」，而且「學術能力測驗（SATS）成績要高於二千二百分，即使那些測驗實在蠢透了」。最後他的高中成績平均積點（GPA）是四點二，其他幫助加分的經歷還包括加州參議員（也是帕中校友）史密席恩（Joe Simitian）的暑期實習生，以及許多獎項和獎學金。

林書豪曾在二年級時告訴《帕中之聲》，他花費「至少二到四個小時做每天晚上的家庭作業」。球季開始之前，每天一大早有六十到九十分鐘的籃球基礎訓練和體能訓練；進入正規球季之後，訓練時間還要加倍，每天下午有二到三小時的練習，晚上要做二到四小時的功課，再加上白天的上課時間，會讓一整天非常忙碌。很有幽默感的他甚至嘗試其他運動消遣。有一次參加羽球隊，以一面倒的比數擊敗洛斯阿托斯高中（Los Altos）後，林書豪告訴一名記者：「我們把他們當柴火燒。他們完全不是對手。」他怎能同時做這麼多事？三年級時，在《帕中之聲》與凱蒂・曾的一對一訪問中，林書豪給了一個討人喜歡的含糊答案：「我通常在課堂上和週末的時候補充睡眠或社交生活。」

媽媽吳信信繼續協助處理籃球隊的經營事務，包括交通接送、各種聯繫或「四年級之夜」的活動細節，讓戴本教練專心把男孩們訓練成更好的球員。她在賽後經常用中文和林書豪講話，隊友們完全不知道她究竟講些什麼，不過看來她很確定自己說話的用意。唯有林書豪的成績掉到A⁻以下，吳信信才會插手球隊的運作；這種時候林書豪不能打球，吳信信會告訴教練，他要把成績拉上來才能繼續打。

◆

林書豪在高中一年級受洗之後，開始以嚴肅、真誠的態度面對自己的信仰。如今是加州南谷（South Valley）基督徒會堂英文傳道的莫凡，回憶起林書豪「誠心面對信仰」印象很深刻，也認為他渴望學得更多。「那是很獨特的。我在基督徒會堂碰到的許多孩子都比較被動、害羞。他一開始也很害羞，但過沒多久就敞開心胸，問了很多問題，也會開開玩笑。」

這個時候，林書豪開始深入參與教會活動。他會在暑假幫忙帶兒童的暑期聖經學校、在聖荷西基督徒會堂教主日學，甚至剛加入所屬的青年團契不久，他就開始帶查經班。青年團契集合了二十到三十名高中生，由志工協助帶領，吳信信便參與其中。有位志工記得，林書豪和其他幾位新生如何「真的帶領整個團契」。林書豪的魅力幫助青年團契持續成長，而聚會之後，學生和家長會一起去喝珍珠奶茶，或者去「In-N-Out」漢堡店吃漢堡。

到了高中二年級，教會聘了一位青年牧師，他們兩人產生很緊密的關係。鄭牧師（Pastor Cheng）回憶道：

聽說林書豪只是個普通男孩，那只說對了一半。無論與籃球有關或無關，他一直都是個超級明星。在校園裡，你很難不知道林書豪是籃球明星球員的事實。而在青年團契，並非每個人都知道他會打籃球，不過林書豪自有他的魅力。他現在是控球後衛，但就很多方面來說，他在生活中也是一名控球後衛，支持、幫助其他人走上成功的道路。他很願意站出來述說他的信仰，同時也一直幫助其他人在信仰中成長，甚至把他們推向眾人注意的焦點。

鄭牧師和林書豪約在帕中對街的「城鄉購物中心」（Town and Country Shopping Center）見面時，各式各樣學生都來向籃球明星打招呼。即使林書豪是「校園裡最受歡迎的孩子，任誰都沒法比」，他總是對每個人很友善。「林書豪不會覺得他比別人優秀。」鄭牧師說，而早在高中時代，林書豪就一直學習如何面對運動員明星的身分地位和知名度問題。他就讀高中三年級到四年級期間，很多帕中學生來到基督徒會堂，都是因為林書豪在那裡。

林書豪不怕出名，是為了他所相信的事。他和其他幾位高中青年團契的朋友，一起參加很有名氣的「帕中亞裔美國人基督徒社團」（Asian American Paly Christian Club）。他們模仿加州有名的漢堡連鎖店「In-N-Out」，稱自己為「IN-SIDE-OUT」（由裡朝外之意），這與他們的想法有關，表示你外在的信仰生活應該以內在的轉變為基礎。他們舉辦各種禱告會、社交聚會和對外活動，不過到了林書豪四年級時，他們覺得必須做一些比較引人注目的事。

帕洛奧圖市的政治氣氛有強烈的左派傾向（連高中也是），舊金山灣區的社會觀點經常是很進步的。林書豪的四年級畢業班（二〇〇五到〇六年）在「精神週」（Spirit Week）選擇的題目是「藥草學：我們比你更嗨」。他們把這些字樣印到T恤上穿出去，結果遭到處罰，同學們還抗議他們的憲法第一修正案權利受到侵犯。

二〇〇六年四月二十九日的《帕中之聲》刊出一張照片，顯示林書豪（和另兩位亞裔美國人）站在一塊寫著「IN-SIDE-OUT」的牌子後面。帕中基督徒社團本已決定不參與校內的「反仇恨週」活動，他們覺得那樣做不只是反對「仇恨」，更可能模糊了道德界線。根據報導，林書豪捍衛基督教對同性戀的傳統觀點，但強調要顧及同志朋友。這群人還是參加了一項活動，把一些刻板想法寫在用米做的紙上（他們寫的刻板想法像是「所有基督徒都恨同志」），然後放進水裡溶解，以表達他們的觀點；精神週結束時，基督徒社團和反仇恨週主辦人之間並沒有產生什麼對立。

基督徒社團想要用引人注目的方式，來表達未獲眾人支持的立場。「他們能夠得其所願，都是因為林書豪的關係，」鄭牧師說，「因為他是籃球明星球員。在高中，那樣還滿吃得開的。」

林書豪也以另一種方法表達他的信仰：向貧民區的孩子宣道。鄭牧師夫婦選擇住在東帕洛奧圖市，以便與當地社區內較為貧窮的墨西哥移民建立關係。林書豪以前也曾參加宣道工作（聖荷西基督徒會堂的姊妹教會都曾舉辦海外宣道行程和本地服務工作），但這一次不太一樣，是邀請東帕洛奧圖市的高中生參加教會高中生的活動。林書豪加入鄭牧師夫婦帶領的教會年輕人行列，為當地社區的小學生和初中生舉辦為期三週的夏令營。他們的目標是擔任當地高中生的良師益友，並讓年輕孩子遠離街頭，鼓勵他們讀書。

東帕洛奧圖的孩子們完全不知道林書豪的明星籃球員身分，但他們很快就喜歡上他，他也立刻和孩子們打成一片。這件事的效應顯然持續到今天。我對林書豪做後續的第二次訪談是在同一年稍晚時，那是林書豪與勇士隊簽約之後，他說他有「很大的熱忱要做貧民區宣道和非營利工作」。籃球讓他與無數的貧民區孩子有著共同語言，因此他想運用他自身和他身邊的資源，協助改善那些孩子的生活。

夏令營即將結束時，聖荷西基督徒會堂這位年輕的鄭牧師要求教會的孩子們祈禱，問神是否希望他們與夏令營的任何人分享基督的訊息。過了一會兒，他發現林書豪焦急地走到屋外，很後悔他沒有和一個名叫歐瑪（Omar）的小男孩說話。最後，林書豪鼓起勇氣，問出他應該問的話；那一天，歐瑪也把自己的生命交付給耶穌。

而在林書豪的高中時代，他的信仰還有另一種發展：他學習把靈性生活和運動員生活結合在一起。他了解到，他的信仰為他指引出打籃球的態度。這將同時為他的信仰和他的比賽生涯造成深遠的轉變。

如果林書豪想要成為頂尖球員，在身體和心理兩方面都還需要成長。他的習慣必須改變。如同舒特教練和戴本布洛克教練都說過的，林書豪並非苦練型的球員。他在比賽中會燃起旺盛的鬥志，但是在體能和球技方面並沒有練得很勤奮。他太過仰賴自己的天分、他的速度和他父親傳授給他的基本技巧。他還沒有長高就很瘦長，一雙腿瘦巴巴的，還有兩隻很像飢民的長手臂。他需要加強肌力。他需要學習不把成功視為理所當然。

而更根本的，對林書豪來說，打籃球除了因為很好玩、他也打得很好以外，還必須找到更深刻的意義。他必須意識到這樣的機會有多麼少見、多麼重要，而把這些機會視為理所當然、不知珍惜，又有多麼愚蠢。

林書豪必然會找到更深刻的意義。他必然會學到不把他所擁有的機會視為理所當然。但這需要一次痛苦的受傷經歷來教他學會。

林書豪剛展開三年級球季的時候，毫無疑問是由四年級的巴斯考思卡斯帶領球隊。維京人隊還有另外四名四年級球員，包括韋德（Greg Walder）、毛頓（Martin Mouton）、福特（Nathan Ford）和米格拉尼（Amar Miglani），而三年級的林書豪、米勒和布朗也都有相當長的上場時間。歷經前一年在準決賽以一分之差敗北的心碎比賽後，維京人隊決心在中央海岸區錦標賽一雪前恥，並希望爭奪北加州乃至全加州的冠軍榮銜。

新的球季有個歡樂的開始。維京人隊贏了前兩個錦標賽，每場比賽的平均比數差距是三十三分。唯一比數較接近的一場是對門羅—阿瑟頓高中（Menlo-Atherton）的六十五比六十一，前一年帕中曾是他們的手下敗將。接下來的比賽全都取得壓倒性的勝利，甚至有著像七十比二十一、九十一比二十三這樣的懸殊比數。林書豪和巴斯考思卡斯同列第一項錦標賽的最有價值球員，韋德是第二項錦標賽的最有價值球員。維京人隊彷彿汗還沒流幾滴，就贏得了蓋特經典錦標賽（Gator Classic）和半月灣錦標賽（Half Moon Bay）。

二〇〇四年十二月十四日，他們歷經延長賽才贏了塢塞德高中（Woodside），《鐘樓報》描述延長的時間就好像「林書豪和巴斯考思卡斯秀，簡直把傳切戰術表現到完美」。那場比賽之後，帕洛奧圖的男孩們搭上飛機，前往夏威夷參加為期一週的茂宜邀請賽（Maui Invitational tournament）。林書豪後來說，在耶誕節之前與球隊一起遠赴外地，這對於建立隊友之間的同志情誼非常重要；那真的很棒，因為在當地的比賽顯然沒有為他們帶來太大的挑戰。十六支隊伍從全美各地遠道而來，特別安排住在阿斯頓卡阿納帕利海岸（Aston Kaanapali Shores）的度假村，最後在拉海納市民中心（Lahaina Civic Center）飽受帕洛奧圖高中的攻擊。其中準決賽是一場硬仗，但是維京人隊拉出了六分差的勝利。除此之外，他們還到摩洛奇尼火山（Molokini）附近潛水，接著的比賽更痛宰了對手達到二十分之多。巴斯考思卡斯和林書豪入選明星隊，這群男孩於十二月二十二日搭飛機回家，與家人共度耶誕節。

耶誕節之後，他們又從離開時沒打完的賽程接續下去，在十二月二十八日贏了二十一分，但接下來要面對兩支難纏隊伍的磨刀霍霍。他們添了一場只贏一分的勝仗，打敗聖法蘭西斯高中（St. Francis）後，維京人隊終於吞下本季的第一場敗仗，於二〇〇四年十二月三十日輸給聖克魯茲高中（Santa Cruz），這個隊伍後來得到三區的州冠軍。不過帕中隨後來個復仇記，拉出一波十二連勝，結束了正規季賽；這十二場比賽分布在二〇〇五年一月四日到二月十八日之間，最接近的比分差距是十二分，最多居然贏到四十二分。那一年兩次對上宿敵古恩高中，都以大勝收場，分別是六十五比三十七、六十九比二十七，後面那場比賽的下半場甚至打了一波三十七比零的攻勢；布朗於這場比賽攻下二十五分，而三年級球員勒曼（Brad Lehman）和川波（Kevin Trimble）也愈來愈常上場了。

維京人締造了二十四勝一敗的球季例行賽紀錄，林書豪也開始顯露出未來的打球風格，例如對佛利蒙高中（Fremont）那場得了十三分、十四次助攻。（「我的隊友們一開場就打得很好，」他說道，以他一貫的方式表達讚美，因此「我所要做的就是讓他們拿到球。」）他們在分區錦標賽的第一場對上長青高中美洲獅隊（Evergreen High Cougars），取得七十八比三十四的大勝，林書豪得到十分、十三次助攻，外加一堆火鍋、抄截和籃板球。他展現多次漂亮的傳球、一次如特技般的三分球，還賞了美洲獅隊身高一九五公分的中鋒一記火鍋，惹得觀眾不斷大喊「喔」和「啊」。

三月一日，帕中以七十四比四十四的比數輕鬆擊敗世界爺高中（Sequoia），繼續向中部海岸區決賽挺進。然後，意想不到的事情發生了。

◆

即將與米提大主教高中君王隊（Monarchs）這支勁旅進行冠軍戰的前一個晚上，林書豪又去YMCA（不然會是哪裡？）找人鬥牛，一次奮力上籃的時候，後面的人犯他的規，他落地時摔得很重。戴本布洛克教練先接到一通令人揪心的電話，說他的一位明星球員受傷了，然後下一通電話告訴他傷勢很嚴重，林書豪必須排除在冠軍戰的球員名單之外。他的小腿腓骨骨折。

林書豪急得快發狂，不只因為這一季球賽報銷了，也因為他讓隊友們失望。在練習時或正規比賽中受傷是一回事，但在鬥牛中受傷則完全是另一回事，特別是你本來就不應該在生涯至今最重要的一場比賽前夕跑去鬥牛。這是很不負責任的行為，完全是高三學生被孩子氣的「戰無不克」想法沖昏了頭才會這樣。

隔天，戴本教練向球隊宣布這個消息。隊友們聚在一起討論戰術，不過大家心知肚明，失去他們的明星控球後衛、聯盟的最有價值球員之一後，要贏得北加州或州冠軍的機會大大減少了。「發現他不能打球，真的很震驚。」巴斯考思卡斯說。

米提大主教高中有數員猛將，先發的得分後衛是四年級的歐卡法（Alex Okafor），身高一九二公分，後來去普林斯頓大學打球；中鋒是一年級的戈登（Drew Gordon），後來到加州大學洛杉磯分校和新墨西哥打球。林書豪坐在邊線旁，穿著寬鬆的短褲，受傷的腳踝包著黑色靴子，只能一跛一跛走向隊友們，和他們擊掌加油。無論多麼困難，維京人隊還是找到方法贏得比賽。這一天晚上，兩隊多數時候勢均力敵，直到帕中在第四節一鼓作氣打出一波七比零的攻勢。終場前三點四秒，君王隊把比數拉近到只差三分，但是維京人隊力圖控制球權，把時間拖完。巴斯考思卡斯整個晚上十三投九中，包辦了全隊四十五分之中的二十四分，光是第四節就得了十分。

接著，帕洛奧圖贏了北加州錦標賽的前兩場比賽，分別是對金谷高中（Golden Valley）的六十二比四十四，以及對齊克高中（Chico）的七十一比五十七。對陣齊克高中時，巴斯考思卡斯得了二十二分，布朗得二十一分。這讓他們得以進入北加州的決賽，對手將是艾德拉多丘鎮（El dorado Hills）的橡樹嶺高中（Oak Ridge）。如果維京人隊贏了，將會晉級到全加州冠軍決賽，遭遇到南加州的勝隊。

可惜他們沒能贏得比賽。橡樹嶺精力旺盛，打著橫跨四分之三個球場的壓迫式防守，帕中又沒有林書豪能將球帶到前場。差不多五年前，舒特教練要林書豪改打「一號後衛」，運用他處理球的技巧來穿透壓迫式防守。現在林書豪無法上場，維京人隊全場失誤二十二次，其中有九次是替補林書豪的球員造成的。最後的比數是五十五比三十五，他們在沙加緬度市的亞科體育館（ARCO Arena）敗下陣來。橡樹嶺繼續挺進，在下一場比賽贏得全加州冠軍榮銜。

「這真是個令人難以置信的球季。」巴斯考思卡斯在賽後說道。確實如此。維京人隊本季戰績以三十一勝二負作收。此後巴斯考思卡斯從學校畢業，前去麻州大學阿默斯特分校，其他四年級球員也各奔前程。

對林書豪來說，這次受傷肯定是極大的挫敗。但是過了幾年之後，他會看出，這同時是他的籃球生涯和他的人生的「轉捩點」。他說，就在那個時候，「我開始領悟到，我必須不再把凡事都視為理所當然。」

◆

維京人隊在他二年級時輸掉季後賽，只因為一個帶有僥倖成分的進攻籃板。球隊在他三年級時輸球，則是因為一次任性的意外受傷。林書豪還能有多少次機會？萬一，那一次次的機會永遠不再湊到一起呢？

現在他終於了解，機會並非有無限多次。每個人都應該全力以赴、隨時準備好，等到機會一來就要緊緊抓住。用基督教的話來說，為了榮耀神，他了解到應該要好好管理自己的天賦，努力培養自己的才能和機會。

林書豪第一次和我談話時，我對他提起我曾身為優秀體操選手的經驗，覺得那是我童年時期測試自己信仰的好方法。而以林書豪自己的說法，他花了稍微久一點的時間，才把靈性生活和運動員生活結合在一起。他說：「直到高中快要畢業、剛進大學時，基督教才成為我走籃球這條路的一個重要部分。」他的父母經常對他說「要為了榮耀神而打球」，但他始終不是很能理解；事實上，聽到這種話總是令他有點不知所措。身為亞裔美國人籃球員，他希望能夠證明自己的能耐；身為球隊的一份子，他希望能為隊友們打球。他心想，

我怎麼能放棄這一切，無私地為神打球？

慢慢地，林書豪又漸漸了解到，就某方面來說，打籃球是在表達自己的價值觀與承諾。如果他要信靠神所給予的，那麼他必須不要太專注於勝負和統計數據上，也就是少把心思放在比賽結果，多把心思放在「我打球的方式」。這表示打球的方式必須是「敬神的工作倫理和敬神的態度，要謙遜，把別人看得比自己重要，並尊敬裁判和對手。」這正是一直以來他父母對他的鼓勵。在比賽勝利之前，要先把這一切結合起來。

鄭牧師也看出這段時期是林書豪的轉捩點。「他要升上四年級的這個時候，顯然在心性方面有所改變。經由那個經驗，他對未來抱持很大的希望。」在高中三年級的尾聲、即將展開四年級生活時，林書豪的成熟速度加快了。「他真正意識到：『我隨時都有可能失去這一切，所以我想要以神所給予我的，盡可能做到最好。』」

擔任NBA先發球員的第一場比賽，讓林書豪得到一個機會。事實上，安東尼不能上場，

只是讓機會之門打開得大一點點而已。無論是林書豪或其他人，沒有人希望發生讓安東尼和史陶德邁爾（特別是他）不能上場的原因，但毫無疑問的，他們的缺陣意謂著球隊要由林書豪來帶領。

林書豪於第二節再度上場時，他開始抓緊機會。一次短暫的進攻，林書豪切入之後把球餵給錢德勒投籃；接著又從後場抄到球，很漂亮地執行擋拆戰術，再透過地板傳球給錢德勒灌籃得分。尼克隊活力十足，取得八分領先，而即使林書豪沒有贏得助攻，他的速度也瓦解了爵士隊的防守，讓尼克隊的射手找到空檔，於中距離投籃得分。幾分鐘過後，他又針對爵士隊身高二〇八公分的中鋒坎特（Enes Kanter）進攻，球擦板得分還賺到犯規。

半場結束前最後幾分鐘，林書豪看到一個空檔切入上籃，再從一次籃板球之後抄截到球、交給諾瓦克投三分球，接著帶球迂迴繞過防守球員、傳給傑佛瑞斯灌籃，又讓諾瓦克從中距離投入兩分球，最後再切入一次、傳球給諾瓦克投進另一個三分球。透過林書豪的發動，整個攻勢非常流暢，太流暢了，讓諾瓦克這樣的中距離神射手最先獲益。

尼克隊球迷早已忘記這種籃球賽了，流暢，節奏快，而且賞心悅目。也許最重要的是「無私」的打法。對爵士隊這場比賽的上半場，林書豪自己的出手機會不多；他並不需要一直出手，因為尼克隊的領先幅度已多達十八分。他持續策動應該要執行的攻勢，讓其他人就定位投籃得分。他正在成為舒特教練教導他擔任的「一號後衛」。他正在成為戴本布洛克教練塑造他擔任的球場指揮官。

第三節過了一半，林書豪只得到九分，而爵士隊正以他們的強力中鋒傑弗森力圖反攻。等到尼克隊的領先掉到剩下五分，林書豪運用一次差點折彎腳踝的運球過人動作，製造出空檔跳投得分。三十秒後，他在三分線弧頂附近拿到球，閃過防守球員後跑進禁區，然後當著爵士隊身高二百公分的前鋒米薩（Paul Millsap）的面，以左手上籃得分，將領先差距又拉開到九分。觀眾爆出歡呼聲，急著為林書豪所做的每一件事大聲喝采。

然而，爵士隊還不打算束手就擒，貝爾、傑弗森和前鋒海沃德（Gordon Hayward）都打得很好，因此在第四節一開始，尼克隊只領先兩分。這時，錢德勒抓到一個籃板球，把球傳給林書豪，發動一波三打二的快攻。林書豪找到已經切入前場的尚波特，做了一個跨越六公尺的地板傳球，但防守球員已聚攏過來，於是尚波特又把球丟回給林書豪，這時林書豪被身高一九五公分的邁爾斯（C. J. Miles）一巴掌打到頭，但仍把球拋射向籃板，穿網得分。林書豪摔落到地面後，握緊了拳頭振奮大喊，結果林書豪坐在地上，觀眾們倒是全都站起來熱烈鼓掌。主播布林又被眼前的一切嚇得目瞪口呆，對於林書豪如此這般「提振全隊士氣」驚嘆連連。

他們還不只得個這麼幾分。計時器剩下四分半鐘時，林書豪持球到罰球區的右方，爵士隊的哈里斯站在林書豪的右邊，因為知道他比較喜歡走右路。於是，林書豪突然起腳穿過他左邊，再閃過中鋒傑弗森，以左手拿著球躍入空中，再把球轉送到右手，投籃打板得分。再一次，他又被犯上一規，完成三分打。

接下來則是當天晚上最滑稽的一球。比賽剩下兩分鐘時，尚波特持球，而計時器顯示的進攻時間快要結束了。他要著令人眼花撩亂的動作，一次投籃但沒碰到籃框，錢德勒將球向外拍給站在外線的林書豪。眼看計時器就要響了，雖然球還沒有拿到手，林書豪已開始做投籃動作。說時遲那時快，他奮力跳起，讓球盡可能以最快速度出手，而球飛射到籃框的後緣，應聲入網。林書豪倒退著跑回防守位置，一邊點著頭，一邊伸出舌頭搖晃，露出大大的笑容，整個球場爆出興奮狂吼。

佛萊澤說：「有些事就是注定要發生。」布林則大喊：「林書豪的魔法繼續在麥迪遜廣場花園這裡上演！」

尼克隊的領先又回到九分，這場比賽已是他們的囊中物。林書豪又以罰球多得到兩分，而觀眾們再次反覆大喊「Jeremy!」。最後的比數是九十九比八十八。

在這兩場連勝中，林書豪的得分和助攻數都創下生涯新高，二十八分和八次助攻。他總共上場四十五分鐘，投籃十七次命中十次。他打球的時候心懷勇氣、心懷無私，也心懷感恩之情。

林書豪離開球場，讓疲倦的雙腿伸入冰浴浸泡時，完全不知道他的傳奇故事正以多快的速度透過網際網路傳播出去。社交網站為了林書豪而發燒。那天稍早，我在我的部落格「哲學的片斷」（Philosophical Fragments）寫了一篇文章，談論「林書豪與預期很低的輕度偏見」。當晚比賽結束後，那篇文章變得像病毒一樣，暴增出數百篇瀏覽意見，也在臉書被分享了上萬次。他是高譚市眾人景仰的對象，是體育新聞和網站上的一夜激情。原本猜他只是曇花一現的所有人都承認自己看走眼，長期支持他的粉絲則是歡喜雀躍。

林書豪洗過澡，穿上一件灰色條紋襯衫，在更衣室面對大批的麥克風。透過廣泛報導，大家都看到他有多麼快就把功勞歸給別人，並且「要感謝我的主和救主，耶穌基督」。後來有一位記者問他，是否對於最近兩場比賽發生的事感到驚訝，他才又多回答了幾句。他很誠心地回答：「噢是啊。我不會坐在這裡說，我知道我將會擁有這一切。這實在是個令人難以置信的機會，為此我很感謝神。現在我不知要說什麼，只能說充滿了感恩和謝意。」

在丹東尼教練的個人賽後記者會上，有人問他，林書豪在第二節出現的八個失誤是否因為太過疲累，以及他是否會擔心讓林書豪上場太久。「是啊，」丹東尼說，「我把他當做該死的神駒『祕書』在騎。」惹得全場大笑。「這是真的。不過我還是會帶他出場，而他會看著我，說：『我不想上場。』」

林書豪何必要這樣說？這可是他的大好機會，表現出他隸屬於這裡的大好機會，表現出他可以幫助球隊的大好機會，更可用他擁有的才能與機會來榮耀他這份天賦的「給予者」，作為神的手中一個感恩的工具。「我絕對想像不到會這樣，」他說，「神以神祕與奇蹟的方式在做工。」

這是他一直以來等待的機會，而林書豪從很久以前就學會，千萬不能視一切為理所當然。

>>

Game 3

華盛頓巫師隊

球場上的林將軍

上週的板凳常客，如今已成尼克的場上將軍；林書豪的高中籃球校隊也曾不被看好，卻擊敗眾人看好的強隊，展現出適時躍上舞台的神奇能力。

紐約尼克隊先前對上華盛頓巫師隊已經連贏七場，但上一次是一月六日在美國首府華盛頓特區遭遇，那場九十九比九十六的勝利全仰賴兩大明星球員合拿了六十分。二月八日的這場比賽，史陶德邁爾和「甜瓜」安東尼兩人又將缺席。華盛頓巫師隊則剛取得對多倫多的勝利，現在林書豪將在沒有主場觀眾的熱切期盼與支持下打球。

至少，理論上來說是如此。當林書豪踏上威瑞森中心（Verizon Center）的地板，出現在一萬七千三百七十六名觀眾的眼前時，在他頭上舞動的除了中華民國國旗，還有各式標語，像是「Linning and Grinning」（勝林的微笑，這時人們已經熱烈發想任何與「林」有關的雙關語）。林書豪的合約在前天的比賽之後獲得確保，現場介紹先發球員上場時，他獲得最熱烈的掌聲。美國首府有上千位哈佛大學畢業生，以及幾千位亞裔美國人，顯然很多人在這晚出來看比賽，希望能鼓舞林書豪再創奇蹟。其中一個標語提到林書豪就讀哈佛時住的學生宿舍（請想像《哈利波特》的葛來分多學院），上頭寫著：「勒弗瑞特學舍愛林！」（Leverett Loves Lin!）

《華盛頓郵報》的李伊以「南方的麥迪遜廣場花園」來形容當晚的球場。

但這其實是一場激烈的比賽。尼克隊一開始就落後，林書豪在第一節沒什麼表現。他的統計數據不怎麼漂亮：兩次助攻、兩次個人犯規、一次上籃失敗、一次跳投失敗，然後投一次三分球也沒進，接著他就被換下場，改由畢比上陣。球評正感納悶，或許林書豪已經後繼無力。畢竟在尼克隊的前面二十三場比賽中，他只上場過五十五分鐘，然後突然間，連續兩場比賽總共上場八十分鐘。他曾對記者開玩笑說，這兩場比賽之間他什麼事也沒做，都在睡覺。

又或者，一切只是曇花一現。在這個節骨眼，林書豪若失去信心、臣服於失敗、認為自己奇蹟式的高分表現終究要打回原形，似乎再自然不過了。他在之前兩場比賽的優異表現已經產生了巨大壓力。球隊、朋友和家人、尼克球迷，以及顯然百分之九十九的台灣人，都等著看他是否能夠再創奇蹟。這時若回到沒有壓力的默默無名狀態，似乎更容易些。但林書豪仍不斷前進、不斷跑位、不斷努力，結果到了第二節，比賽再度因他而翻轉，尼克隊也是。

進到第二節，紐約落後六分。錢德勒、尚波特（隊友們喊他「尚波」〔Shump〕）和神射手諾瓦克努力在場上維持住比數，但巫師隊看起來攻勢凌厲。林書豪要把球帶往籃框時遭到抄截，幸好球又回到紐約手上，這時林書豪傳球給諾瓦克，來個大號三分球。九十秒後，林書豪從巫師隊後衛克勞佛（Jordan Crawford）手中拍下球，快速帶過半場上籃得分。接下來的四分半鐘裡，林書豪有三次上籃、五次助攻，其中三次是傳給諾瓦克投進三分球。在半場結束前的最後一分鐘，林書豪高拋投出一球，擦板得分；這一節他投四中四，得到八分，還有六次助攻、兩個籃板，比數也從落後六分來到領先六分。

下半場開始，除了第二次持球時林書豪投進一個擦板球，尼克隊在第三節的前七分鐘沒有任何進球。華盛頓迎頭趕上，追平比數。然後林書豪控制住場面。他突破防守，反手上籃得到兩分，接著讓巫師隊的明星球員沃爾（John Wall）來到他的右側，再以巧妙的過人技巧從左切入，硬是開出一條通往籃下的康莊大道。他右手高舉著球，跳起身，接著如劈下戰斧一般灌籃得分，讓觀眾發出尖銳的「喔！」聲。林書豪回到隊友身邊相互擊掌、跳起來碰撞身體，高喊：「衝啊！」

客觀地說，這實在太誇張了。但這就是美妙所在。一個上週五對全世界來說還默默無名的球員，一位在ＮＢＡ場上幾乎打不到幾分鐘的二十三歲板凳常客，四天前上場對抗籃網隊時還像是處在人為刀俎、我為魚肉的狀態，結果他不但一直得分，還實際扮演起帶隊衝鋒的場上將軍角色。他不斷鼓舞隊友、策動攻擊，也保住教練的職位，還讓尼克這支先前搖搖欲墜、持續表現不佳、似已病入沉痾的球隊，如今在聯盟裡興風作浪，所到之處都掀起一股觀看尼克比賽的風潮。

這節的最後一球，林書豪帶球繞過沃爾，左閃右躲，突破身形高大的防守球員，一路來到籃框前，上籃得分。領先拉大到九分，巫師的威脅性大減。林書豪這晚最終拿到二十三分、十次助攻，只有兩次失誤。比賽結束時，華盛頓的觀眾為林書豪熱情呼喊。

尼克隊這個球季的進攻表現大多不佳、窒礙不順暢，任何一路看下來的觀眾都會感覺到明顯的對比。突然之間，進攻變得流暢了。突然之間，每位球員都找到了適當的位置，主要球員如諾瓦克、尚波特也都表現得恰如其分。終於，得分變得容易了，觀看尼克比賽又變成一樁樂事。

而在這股潮流正中央的，正是之前極度失意的林書豪。比賽因為他而變得順暢。那晚他的表現最驚人的地方，是他在比賽中的那股從容與流暢。林書豪在罰球線上投六中五，三分線內側的投籃命中率則是投十一中九，表現驚人。他的十次助攻是另一個生涯新高，但即使不是記他助攻，場上的一舉一動也都像是和他有關。他是比賽的中心：凡事以他為中心，凡事也由他來發動。有五位球員的得分超過十五分。

他的父親以一九八〇年代的籃球諸神來形塑林書豪的籃球基礎，如「魔術」強森和「大鳥」柏德，因此像他這樣的球員帶回了往日風采，讓他不像是這個時代的球員。在這個人主義盛行的年代，他是個具有完美團隊精神的球員：在自戀的年代表現無私，在自我吹捧的年代行為謙遜，在利己的貪婪年代顯得慷慨。他挑戰你的直覺，令你意想不到。世界並無法強加集體意志在他身上。

這小伙子是從哪裡來的？

為什麼沒有人發現他會冒出來？

就像諺語說的：一次是僥倖，兩次是巧合，三次就是實力了。人們也愈來愈難以曇花一現來理解林書豪的表現。但如果林書豪不是因為運氣好才偶然碰到三連勝，如果他真的這麼優秀，為何長久以來他的潛力都遭到輕忽呢？

事實擺在眼前，林書豪以前就曾有過這樣的表現。並不是林書豪這些年來都在隱藏實力，而是這個世界從來沒有好好注意過他。

史記故事裡有位李廣將軍，他是戰士也是獵人，以驍勇善戰聞名。他的家族歷代都是射箭高手，傳說只要他一放箭，弓弦聲未歇，目標已應聲而倒。公元前一五四年，他因漢景帝七國之亂建有戰功而初建名聲，經多年仍不墜。當他奉命保護深為虎患所苦的縣城，會帶隊或獨自獵殺老虎。

有一次，他聽說老虎又出沒騷擾村民，立刻拿起弓箭出門。民間有此一說：那是半夜，月光昏暗，荒郊草長。將軍看見草叢裡有老虎形影，旋即搭弓、拉弦、放箭。弓箭沒入陰影裡，接著就沒動靜了。隔天早上，將軍和部下發現他射的目標其實是一塊老虎形狀的岩石，弓箭深深射進石頭裡，李廣後退想再次嘗試，結果箭碰到石頭就毀壞，再也射不進石頭裡。

這個古老故事的啟示很簡單。將軍想要將箭射進石頭裡，他辦不到。當他想獵殺老虎以保護鄉民時，他卻做到了。換句話說，當你為了正確的理由使用正確的方法時，才有可能達成目標。李將軍是一名獵人，獵人並不會射殺石頭，但獵人會射殺老虎。將軍自然而然出手時，因為他已精通此道，身心狀態俱佳，動作渾然天成，也就能做出超人的行為了。

李將軍的故事強調了中國哲學的一項要旨：找到自己的專長，不斷琢磨到精通之後，表現自然能不費吹灰之力。經典例子就是庖丁解牛，這名屠夫因為精通牛隻身體的構造，因此以屠刀劃過關節縫隙時，牛隻並沒有任何抵抗。屠刀由屠夫的手帶領，按照事物的道理，輕鬆遊走於正確的路線上。

林書豪是到了高中以後，才變成為成熟的球員；這裡說的成熟不單指體能狀況，還包括心理與心靈狀態。他找到適合自己的打球方式，一種根據他的本質與成長方式自然而然發展出來的球路。

特別是在高中四年級時，他所擅長的是強悍、勇敢、努力不懈、團隊優先、無私的風格。他學到了如何讓球以最小阻力進到籃框。他也學會了贏球。那是全然的團隊合作，這讓他的高中球隊在他們中學生涯的最後一年拿到州冠軍，成員就包括了當地傳說的六人好友組合「星光六人」。

套句《帕中之聲》的歐薩（Siddhartha Oza）和史瓦茲（Carey Schwartz）說的話，這是一場「奇蹟」的戰役，「超越邏輯的魔幻賽季」。就像拿掉印第安納州玉米田的《火爆教頭草地兵》（*Hoosiers*，真人實事改編的電影，描繪外地教練帶領印州小鎮籃球隊打進州冠軍賽的故事）。你會愛上它。

骨折的腳踝讓林書豪如此難受，是因為他感受到悲傷與罪惡感。復原的過程讓他有大量時間可以思考。他知道自己讓球隊失望了，也讓大好機會從維京人隊的指尖溜走。林書豪雖然善於社交，不時裝傻，但他也會退縮、鬱悶。受傷後的那段時間，他深陷在畏縮與恐懼裡。他得等上八個月，球季才會開打，屆時他才能補償隊上的球員。

這群實力堅強的四年級生所組成的隊伍，校內報紙後來稱呼為「星光六人」，成員分別是：林書豪，毫無疑問的球場將軍；得分後衛勒曼，關鍵的外線射手；一八三公分的中前鋒史考特（Kheaton Scott），以膽量與驍勇彌補了他的身高不足；前鋒布朗，中距離的防守球員及危險的三分球射手；米勒，傑出的防守專家；川波，史考特在三年級秋天幫他取了個「白犀牛」（Albino Rhino）的綽號，是完美的第六人，一離開板凳就能深入敵營，造成大破壞。他們多數人已經一起打球多年，只有史考特是從德州搬來帕洛奧圖後才加入。

在二〇〇五年十一月一場球隊會議上，由六位四年級生帶領的維京人隊要設定賽季目標。其他人說，他們應該把目標設定為再次贏得分區冠軍，這樣或許就能拿下北加州冠軍，進而奪取州冠軍。林書豪站起來，慷慨激昂地說，他們應該直接把目標放在州冠軍。學生報形容：「林書豪仍深為自己愚蠢的錯誤所苦，覺得自己對球隊有所虧欠。」但要贏得州冠軍，而且是在去年五位學長已經畢業的狀況下，要勝過那些實力堅強的私立學校球隊，簡直像是在作白日夢。他的隊友過了一會兒才了解到，林書豪是認真的。

二〇〇五年跨〇六年的賽季一開始和往常沒什麼兩樣。開季就以六十一比十三狂電不幸的國王學院（King's Academy），之後維京人隊又拿下兩場勝利，取得第一個錦標賽冠軍。不過下一個錦標賽就比較有挑戰性，他們僅以總共加起來三分的差距贏得準決賽和決賽。林書豪贏得錦標賽最有價值球員榮譽。接著他又以十一分、八籃板及十助攻，帶領球隊以五十八比三十八的比數打敗塢塞德高中。

在輸給衛冕的第五組冠軍普萊斯高中（Price）之後，維京人隊取得九連勝。一月六日對霍姆史戴德高中（Homestead）的比賽中，林書豪拿下十七分、七籃板、七助攻，還有三次抄截。當然，這有賴團隊努力，而林書豪總是能找到有空檔的球員。布朗因為腳踝受傷而退場，不過史考特投八中八奪得十六分，川波和史考特合力抓下十七個籃板，勒曼拿到七分、四助攻，而米勒一如往常，封鎖住對方主力球員的攻勢。他們在賽季中第一次對上古恩高中時，布朗歸隊了，他拿下二十五分，包括六個三分球，球隊也從半場時的落後，最後在聲嘶力竭的主場觀眾眼前以六十一比五十五贏得比賽。

之後維京人隊又取得四場勝利，其中兩場贏了超過三十分。接著他們深入敵營，來到古恩巨人隊的主場。古恩高中的戰績是十八勝七敗，而他們的明星球員喬丹（Peter Jordan）每場平均拿下二十五分。巨人隊一開賽就把比數拉開，但帕洛奧圖團結一致，第一節終了時將差距維持在十二分。在第二節裡，他們的投籃命中率不高，所幸罰球表現不錯，中場休息時僅僅落後一分。第三節，兩隊都無法取得優勢，直到喬丹抄到球，來個雷霆萬鈞的灌籃之後，主場觀眾興奮地全場起立，但裁判隨即判定他兩次運球違例。場上情勢頓時逆轉，維京人隊連得六分，取得領先優勢，自此一路領先。比賽結束時，林書豪攻得十七分，布朗和白犀牛分別拿下十五分，米勒則嚴密防守喬丹，讓他僅拿到兩分。林書豪說，這是「精彩的團隊合作」。

維京人隊最後以一面倒的比數打敗佛利蒙高中和山景城高中，結束了球季例行賽。他們累積了二十四勝一負的紀錄，「星光六人」不曾在主場輸過一場比賽，即使他們已代表校隊征戰多年。過去兩個賽季，他們只輸給聖克魯茲、橡樹嶺和普萊斯高中，而這三所學校都在前一年於各自的分組拿到州冠軍。

然而，即使以二十四勝一負的戰績躍升第一種子，一般仍認為，帕洛奧圖會在冠軍錦標賽中輸給南、北加州那幾所素有「職業運動員工廠」之稱的私立學校。雪上加霜的是，林書豪、勒曼和布朗都深為腳踝問題所苦。而分區比賽一開始也不順利。

第一輪，在例行賽中曾被帕中輕易擊敗的塢塞德高中，這回卻火力全開，第一節就連進七球，第二節也有投九中六的佳績。其他隊員施展不開時，林書豪控制住了場面。維京人隊在第一節拿到的九分有七分是他貢獻的，第二節他又拿下十三分，包括一個時間終了前的長距離三分球。下一節，林書豪再度貢獻七分，這時其他隊員終於甦醒了。史考特開始拿分及搶籃板球，勒曼和白犀牛則在第四節的關鍵時刻投出重要的三分球；但最具壓倒性表現的還是林書豪，他全場拿下三十三分、七籃板、四抄截。川波說：「他每天都讓我感到驚訝。你對他再無所求。」

林書豪很能夠因應環境變化，彌補球隊的不足。下一場比賽對手是南舊金山高中（South San Francisco），對方決定全力防守他，所以在這場比賽裡，林書豪多半努力吸引防守球員的注意力，然後配球給有空檔的隊友。比賽終了，他拿到五分、八籃板、六助攻。他對結果感到滿意；球隊也贏球了。

爭奪中部海岸區冠軍時，他們面對的是米提大主教中學，美國頂尖的運動學校之一，領軍的是很難對付的強力中前鋒戈登（他在NBA的選秀預測裡名列前茅）。米提在錦標賽的前三場比賽以總得分二百一十五對一百四十獲勝，外界強烈看好他們。關於這個賽季，根據戴本布洛克的說法：「他們體格更為高大，行動也更敏捷。」但帕洛奧圖在第一節就拿下九分，林書豪貢獻七分，第二節他又進帳七分。中場時，維京人隊取得六分領先。第三節，米提反撲，將帕中的領先縮小到兩分，但林書豪以一記深遠三分球中斷了對方的氣勢。在米勒緊迫盯人的防守下，戈登的沉著表現頓時瓦解，而帕中在外線一直有厲害表現，白犀牛甚至從板凳區直接投進一記三分球。

球隊最終拿到五十分，林書豪貢獻了十九分，但在賽後他將功勞歸給了米勒，稱他是聯盟裡最佳防守球員，甚至還激動地提到上一季發生的事。去年，他在中部海岸區決賽之前受傷了，他說：「我虧欠球隊，去年是我的錯，為了隊友，我想和他們一起贏得比賽。」結果，林書豪不曉得是因為太疲累或是太激動，他沒拿好獎杯，摔壞了。然而他們心中都有一個更大的獎杯。

◆

拿到分區冠軍之後，維京人準備向北加州地區錦標賽冠軍邁進。他們輕鬆打進半準決賽，維京人隊以八十五比五十一大勝里奇蒙高中油人隊（Richmond Oilers），取得這個賽季的第三十場勝利，要不是戴本教練在第三節就把先發球員換下場休息，差距可以拉得更大。

準決賽他們對上拉谷納溪高中紅雀隊（Laguna Creek Cardinals），對方的戰績二十三勝十負，剛擊敗衛冕的橡樹嶺中學，而這場比賽也是「星光六人」在家鄉主場的最後一場比賽。維京人隊一開始取得十一比二的領先，其中珍貴的五分是由林書豪搭配勒曼貢獻的。隨後紅雀回敬一波十四比七的攻勢，但維京人仍維持領先直到第四節。這一節，紅雀嘗試反攻，雙方打成四十六比四十六平手。眼看勝利就要溜走，球員和球迷都瀕臨瘋狂。比賽只剩下一分鐘，這時林書豪一個箭步，在隊友掩護下，冷不防出手，投進一個三分球，幫助球隊重新取得領先。接著紅雀將球帶過半場，卻未投進，林書豪把球奪回，讓時間剩下七秒鐘，然後切入並吸引防守球員；接著他把球高吊給中距離的布朗，讓他投進另一個三分球，勝負已定，比數五十二比四十六。

比賽結束的哨聲響起，球員從帕中體育館的球場爬上看台，和家人、觀眾一起慶祝。林書豪在比賽中曾因為撞到眼睛而短暫退場，但一分鐘後隨即回到場上，並以十九分進帳、七助攻、八籃板和五抄截，帶領球隊取得勝利。助理教練羅爾（Bob Roehl）在賽後表示：「我對他的表現並不訝異，但他還是讓我嘖嘖稱奇。」布朗在這場比賽中拿到十二分，米勒得到八分。

二〇〇六年三月十一日下午四點，爭奪北加州冠軍的比賽在沙加緬度市的亞科體育館開打。維京人隊再次對上米提大主教高中君王隊（《帕中之聲》曾以譏諷語氣形容「這支球隊應該比較傑出與洗練」），而他們有二〇二公分的強力前鋒戈登。比賽一開始，君王隊就有如猛虎出柙，接連在三分線外連進三球，取得九比〇的領先。維京人隊前面十二次投籃有十次失敗，林書豪的六分是全隊僅有的進攻得分，第一節比賽結束，維京人隊落後十四分。第二節，維京人的防守變得靈活，與君王隊的差距縮小到六分，但他們的攻勢還是顯得凌亂。第二節打到一半，維京人隊僅有的十分都是林書豪貢獻的，之後布朗投進幾球，並在第二節哨聲響起前投進一個三分球，中場休息時，帕中以十七比二十六落後。他們在場上投籃二十六次，只進了七球。

第三節，比賽情勢改變了。緊密的防守讓維京人隊的反攻機會增加，進球也變得容易，第三節剩下一分十六秒時，米勒投進一球，維京人首次取得領先。君王隊在第四節全力反攻，特別是在林書豪四次犯規退回板凳時。

比賽剩下最後幾分鐘，林書豪重新回到場上，他一拿到球立刻傳給勒曼，讓他投進一個三分球。君王隊的湯瑪斯．方（Thomas Fang）立刻還擊，在剩下四十一秒時以四十三比四十二領先維京人。林書豪想把球帶過半場，身邊的防守立刻變得嚴密；再一次，他把球餵給有空檔的勒曼，又投進一個三分球。君王隊隨即大舉反攻，但失手了，一陣爭搶之後，在失去平衡的狀態下勉強出手，球在籃框上跳了兩下，沿著籃框滾動，然後從左邊落下，球沒進。比賽結束鳴聲響起，慶祝的綠白彩帶隨即淹沒球場。君王隊垂頭喪氣地退場，對於八天內竟然兩次輸給不被看好的「星光六人」感到震驚。

令人訝異的是，爭奪州冠軍時，他們再次對上君王隊，不過這次是來自南加州聖安娜（Santa Ana）實力堅強的聖母高中君王隊（戰績三十三勝二負）。聖母高中是全美知名的運動名校，也是美國最大的天主教學校之一，儼然已成為一則傳奇。來自全美國有潛力進軍職業賽事的運動員齊聚在聖安娜的田徑場與球場上，頂尖大學如史丹佛、南加大、加州大學洛杉磯分校，每年都會開著巴士來聖母挑選高年級的厲害選手。他們曾拿下五屆加州籃球冠軍，僅在去年以些微比數之差輸給橡樹嶺中學，所以今年精銳盡出，誓言復仇，奪回他們的寶座。本賽季他們只輸給自負的東海岸隊伍，而教練麥克奈特（Gary McKnight）的生涯贏得超過七百場勝利。

撇開聖母的歷史不談，籃球隊的平均身高也很嗆，幾乎是一堵不可能突破的高牆。維京人隊的中前鋒史考特只有一八三公分高，隊中最高的球員亦僅一九五公分；但君王隊的中鋒雅各森（Alex Jacobson）是有如高塔的二一二公分，一年級的威爾（Travis Wear）是二〇〇公分，特倫（Steve Train）是一九八公分，最具威脅性的金恩（Taylor King）是全方位的前鋒，身高一九八公分，平均每場比賽拿下二十六分、十二個籃板，所有比賽的總得分在加州高中籃球史上名列前茅。這些球員終將進到杜克、北卡羅萊納大學教堂山分校、加州大學洛杉磯分校、亞歷桑納等一級大學籃球樂土，快樂地打球。

維京人要獲勝簡直像天方夜譚。聖母有著高不可攀的身高優勢、加州有史以來最厲害的高中籃球教練（麥克奈特後來在二〇一一年十二月達到九百場勝利紀錄），以及令人敬畏的名聲。他們身形更為高大、體力更好，而且做好萬全準備。由體型瘦小、臂膀如竹竿細的亞裔美國人孩子組成的公立學校籃球隊，根本沒有半點勝算。

心臟不夠強，這場比賽還真打不下去。林書豪特別感受到壓力。他是控球後衛，也是得分機器。賽季一開始，戴本教練曾讓他坐下，對他說：「咱們打開天窗說亮話，我來協調防守，你則擔任發起攻擊的角色。讓我們贏球吧。」維京人隊的嚴密防守是戴本布洛克教練的傑作，而林書豪負責破解對方的防守、調整進攻計畫，製造球隊得分的機會。

林書豪也知道大學球探一直在看比賽，他的表現關乎自己能否拿到一級大學的籃球獎學金。與史丹佛大學的洽談會持續到四月。他若帶領球隊拿到州冠軍，並證明自己在壓力下也有好表現，或許最終可以讓他拿到嚮往的史丹佛、加州大學洛杉磯分校，或是其他頂尖運動名校的獎學金。

這場比賽讓人備感沉重。

但林書豪已經改變。他已經變得成熟，也更腳踏實地。他以順性的方式比賽，以他的父母教他的方式打球。不久前，林書豪受邀參加一個青年團契聚會，就神教導他的事簡短發表意見。他朗誦基督徒音樂人瑞德曼（Matt Redman）所寫的歌詞，歌名是〈祢的名是應當稱頌的〉（Blessed Be Your Name）。歌詞提到崇敬神「在那豐美富饒之地」，以及「在荒漠之地」，當「陽光灑落」和「當黑暗四面環繞」。其中一小節是這樣唱的：「祢的名是應當稱頌的／在刻劃著苦難的路途上／雖然奉獻之中有痛楚／祢的名是應當稱頌的。」

這首樂曲是對經典的聖經故事「約伯記」的沉思。在享有豐饒富足的生活之後，約伯失去所有。他說：「賞賜的是耶和華，收取的也是耶和華。」但在苦難之中，他違反俗世的邏輯，堅定地繼續相信：「耶和華的名是應當稱頌的。」

林書豪掌握到了要義。他告訴那群青年：「不管我們是在美好的時刻，或者我們是在痛苦的時刻，神就是神，神是好的。」

這幾乎就是林書豪在二〇一二年二月四日於推特上說的話，當時他以板凳球員身分上場對籃網隊比賽。他說：「在我們起起伏伏時，神是好的！」這不是一時的多愁善感。這是他的生命神學。不管以前或現在，林書豪都相信，神是他命運的「作者」。所有事情都為了達成一個目的。不管輸或贏。神就是神，神是好的。

林書豪此舉的意義不可忽視。他知道大學球探會看比賽，一如過去他四年級大多數的比賽。但每一次他可以大展技巧、秀出最華麗的身手時，他反而選擇對球隊更有利的打法。他沒有為了掌握自己的未來而採取自私的打法；相反地，他表現無私，將未來託付給神。他的信仰一定十分堅定，才會相信若自己表現謙遜而無私，那麼等時機到來，神就會提升他。這是基督教義的核心：讓自己謙遜，讓神提升你。在後的將要在前。

這應該就是林書豪長期遭到忽略的原因了。而這也能解釋，為何他在ＮＢＡ擔任控球後衛能如此稱職，以及他在全球籃球迷心中的評價何以能竄升得這麼迅速。

三月十七日這天終於到來。吳信信安排好了交通，家人和學生齊聚在帕中校園，身上穿著綠色襯衫和夾克，準備搭上巴士前往沙加緬度。沙加緬度國王隊的主場亞科體育館是個廣袤的空間，高處垂掛著旗幟與橫幅標語。球迷人數雖然塞不滿球場，但他們的鼓譟聲可以。他們在看台上揮舞的其中一張海報寫著：「帕中愛我們的四年級小子。」上頭還標示了星光六人的球衣背號。

鄭牧師和林繼明與吳信信一起來到球場，他說：「你可以想像那氣氛，簡直就是大衛對上巨人哥利亞。」林書豪禱告著，一如之前每一場比賽。然而，沒有人能事先看出明確的預兆。是代表色為綠色的帕中將在聖派翠克節（這個節日以綠色為代表）這一天所向披靡？還是君王隊將在國王的殿堂戴上皇冠？

兩隊出場。帕中穿著白色球衣，胸前有綠色的「維京人」字樣，前後的背號也是綠色，領口、袖口和側邊有類似鋸齒狀的黑色條紋。聖母高中穿著鮮豔的櫻桃紅球衣，綴以白色線條和滾邊。兩邊身形的差距很明顯。聖母高中球員的身高幾乎和一些NBA球員一般高。

但是星光六人一開賽，立刻讓聖母高中訝異得說不出話來。一八三公分的史考特竟然在跳球時高過二一三公分的雅各森，並把球撥給林書豪。贏得跳球並沒有任何分數，但這是個重要的姿態，暗示著維京人隊將會非常積極與勇猛。

然而，維京人隊沒多久就陷入苦戰。他們的投籃進不了球，第一節結束時，他們總共投十三球只進三球，拿到八分。第二節，維京人重新振作，一度還連拿七分。君王隊想反撲，但林書豪投進一個三分球之後，帕洛奧圖已經取得六分領先。裁判哨聲響起前，君王隊補進一球，將維京人的領先縮小到四分。中場比數是二十四比二十。

帕中的支持者欣喜若狂。不被看好的球隊竟然勝過各界看好的隊伍。聖母高中過去每場比賽平均可拿八十分，今天卻被壓制住；中場統計，他們總共投了三十球，只進八球，拿到二十分。這樣的局面有可能持續下去嗎？

像是要重整食物鏈的秩序般，君王隊在第三節積極搶攻。金恩和後衛布萊克（Arnet Blake）努力投進兩個三分球，而維京人在本節只勉強拿到十分。第三節結束，他們的領先已經縮小到一分。

第四節，原本就很嚴密的防守變得更加激烈，但林書豪還是突破防守，進球得分。而君王隊這邊則是金恩和凱姆隆．布朗（Kamyron Brown）努力進球。聖母此刻掌握氣勢，想要追平比數。

然而，套用《帕中之聲》的說法，維京人比對手「更拚命、更機敏，也更有獲勝企圖心」。比賽剩下三分零八秒時，雅各森五次犯滿離場，這時林書豪突破防守較弱的球員，上籃得分。金恩立刻還以顏色，從右側投進一個三分球。接著林書豪帶球過半場，卻不出手，慢慢消耗時間，眼看持球就要超過時間了。時間快到時，林書豪交叉運球，擺脫對方的防守，然後在三分線外跳投，碰到籃板之後，球進了。

但君王隊也還以一個三分球，這次是從左側進球。兩隊就這樣你來我往，互不相讓。

眼看終場鳴聲就要響起。剩下二十八秒時，林書豪閃過防守球員，貢獻出另一個關鍵的上籃得分，雙方比數四十九比四十五。君王隊在出手不進之後，只好犯規讓時間暫停，維京人隊罰球，為領先的比數再添一分。時間剩下三點四秒，金恩發動快攻，投進另一球，雙方比數差距縮小到三分。接著君王隊再度犯規，讓史考特罰球得到一分，維京人隊已經勝券在握，此時距離比賽終了只剩下一點四秒。

聖母一拿到球立刻反攻，但鳴聲響起，維京人贏了。在聖派翠克節這天，他們穿著白底綠字的球衣，最後以五十一比四十七的分數，在國王隊的競技場上打敗君王隊。戴本布洛克勝利地高舉雙臂。板凳上的維京人球員從座位上衝出來，全隊在中場線上慶祝，電視攝影機圍繞在他們身邊，穿著綠色球衣的球迷歡呼喝采。

維京人隊的每一分、每次助攻、每個籃板，都是出自這六位最後一次為帕洛奧圖高中打球的四年級生，即所謂的「星光六人」。林書豪得到十七分，搶到八個籃板，表現最好，而史考特、勒曼、布朗、米勒也分別拿到十一、十、七和六分。白犀牛則有五個籃板和一次抄截。

聖母高中隔年打敗米提大主教中學，拿到州冠軍，並連續衛冕兩年。但他們無法擊敗林書豪帶領的維京人隊。前一季，維京人輸給了米提君王。但在二〇〇六年三月，星光六人在邁向冠軍的路上，兩度擊敗了米提君王，也打敗了聖母君王，登上寶座。他們是君王殺手，也變成了帕洛奧圖高中的傳奇人物。

◆

六個月後，「星光六人」各奔前程。勒曼去了聖克拉拉大學，米勒到柏克萊加入足球隊。布朗進入康乃狄克州的大學預科學校，「白犀牛」川波去讀維克森林大學（Wake Forest University），史考特則到霍華德大學（Howard University）打球。

二〇〇五到〇六年，維京人隊的特質就像林書豪本人的特質，這並非巧合。如同《帕中之聲》在這場勝利之後所說的：「他們一直不被看好。他們從未得到足夠尊重。他們一直沒有機會能夠贏球。」但是，「當球隊無法靠著天分取得優勢時，他們全靠意志和決心，才能一路打到州冠軍。」

二〇〇六年四月，林書豪在《鐘樓報》發表了一篇文章，內容是他對贏球的省思。他坦言自己「自然而然」會想把贏球的功勞全攬在身上。然而，「我愈是想到過往的經驗，就愈了解到，我應得的功勞其實很少。」他文章一開始的用詞與觀點，現在已經廣為全球林書豪球迷所熟悉。他是這麼寫的：「首先，我要謝謝神指引我到帕中，並以他為我安排的經驗賜福予我，凡事自有其因……」然後他感謝他的父母親、兄弟，以及四年級隊友。「從小學開始我們就一起打球，他們真是我的好隊友，再多的感謝也不夠。」

林書豪發現，贏球其實是件要謙虛的事情。他在第一次訪談時這樣對我說：「當我和帕洛奧圖高中的隊友們贏得州冠軍，嗯，我們應該談談拿冠軍這件事。雖然在內心深處，你並沒有十分期待勝利，畢竟整個州只有一支球隊能奪冠，所以在那個時間點上，能參與錦標賽，能有那個機會，我覺得，比起其他事情，這更讓我感激。」他不再把機會視為理所當然了。「有太多事情必須要剛好發生。」而這些事確實剛好都發生了。

林書豪那年贏得許多獎項與榮譽。他每場比賽平均得到十五分、七助攻、六籃板和五抄截。如同戴本教練所言：「他能完全控制場面且發號施令，所以到了四年級的尾聲，比賽對他而言已經十分輕鬆。」但這是在他學會以正確的方式、為正確的理由打球之後，才擁有這樣的成功、熟練，與從容。

州冠軍只是成就林書豪路途上的一座里程碑。在他生涯的每個階段，他都變得成熟而能邁向下一個階段。不過在他高中生涯的尾聲，林書豪就已經發現，神、命運、天命，或者這三者一起，造就出他的打球方式。無私，感恩，熱情，加上非凡的努力與紀律，為了神的榮耀，而不是為了自己——這些就是林書豪所領悟到，他自己該有的打球方式。

林書豪還未現身於對上籃網隊的比賽之前，尼克隊在全聯盟三十支隊伍裡的進攻效率排名第二十四，投籃命中率第二十四，助攻率排名第二十五。林書豪靠著驚人的敏捷身手，正一步步讓球隊恢復水準。

巫師隊的球員伊凡斯（Maurice Evans）說：「他們打得非常到位。林書豪整晚的表現都恰如其分，非常無私……他讓所有球員都動起來了。」

尼克隊的傑佛瑞斯也同意：「他有點讓這支球隊團結起來。」

在賽後訪問裡，丹東尼教練試著解釋為何林書豪之前上場時間不多。丹東尼說他看到林書豪的潛力，但仍心有疑慮。萬一他讓林書豪上場，結果表現差勁，他的判斷將會受到嚴重質疑。但現在教練必須承認，他的球員一直以來都沒說錯。「他總是說：『給我一個機會，我會有所表現。』而他真的表現很好。」

戴本布洛克教練也在七連勝期間告訴記者：「他這一輩子都在做這樣的事。他得到一次機會，大舞台上僅有的一次機會，問題是：『他會不會充分利用？』他會！這真是他生涯的寫照。」

戴本說得沒錯，林書豪已經學會充分利用機會。他也沒說錯，林書豪已經展現出適時躍上舞台的神奇能力，在關鍵時刻出手，打破眾人的期待，帶領球隊贏得勝利。這些都沒說錯。但我懷疑林書豪是否會說，這就是他生涯的寫照。

記住：傳奇將軍李廣為了證明自己擁有驚人力量，想將箭射進石頭裡，卻只見弓箭碰到石頭應聲毀壞。他的專長並不是把箭射進石頭。他的專長是獵殺老虎。只有當他專注在正確的事情上，而不是為了證明自己時，才能完成不可能的事情。

林書豪，這位球場上的將軍、進攻戰術的統籌，最擅長的是無私的籃球打法。他擅長將其他人擺到會成功的位置上。所以在對巫師隊的比賽裡，林書豪並不是要吸引眾人目光。想要「證明」自己會讓他過於炫技，讓自己的尊嚴凌駕於球隊利益之上。

林書豪說：「這是神的賜福，而我只是順著它走。此時此刻，我並沒有太過擔心是否要對任何人證明任何事。」

不管結果如何，林書豪相信，神就是神，神是好的。如果你提升自己，你的尊嚴會帶著你墜落；但如果你保持謙遜，信靠神會提升你，那麼神真的提升你時，你永遠不知道自己可以升到多高。

你想做到不可能的事情時，你永遠做不到。然而，你只想做著正確的事情時，最後很可能會完成不可能的任務。

>>

Game 4

洛杉磯湖人隊

民族英雄的崛起

林書豪對上湖人隊與「小飛俠」布萊恩毫無懼色，狂砍三十八分。然而圍繞著這場比賽的亞裔歧視用語，突顯出林書豪一路以來努力突破的種族偏見。

二〇一二年二月十日星期五晚上，洛杉磯湖人隊出現在紐約百老匯的麥迪遜廣場花園，這場比賽得到媒體前所未有的關注。球場一角是「小飛俠」布萊恩，他可說是全球最頂尖的籃球選手，無疑也是過去十年來NBA獲獎最多的後衛。湖人對尼克已經九連勝，而過去四次到麥迪遜廣場花園作客，布萊恩平均拿下四十分，西班牙籍前鋒蓋索（Pau Gasol）也有平均得到二十五分、抓下十四個籃板的成績。

球場另一角是尼克隊，兩大巨星安東尼和史陶德邁爾仍然缺席，不過因為有林書豪這位超級新星，球隊躍躍欲試。過去三場比賽，林書豪平均拿下二十五分、八次助攻；當然，要以這樣的成績對抗湖人仍稍嫌不足。在湖人隊的長人陣面前，錢德勒恐怕無法再度稱霸禁區，而要諾瓦克於鳴聲響起前再次出手似乎也太過苛求。

因此，NBA網站的賽前預測稱這場比賽是林書豪「目前為止最艱難的考驗」。上一次兩軍對峙，林書豪上場時間不到兩分鐘，拿到兩分。現在，他是先發球員，也是球場上的將軍。湖人則派出資深但相當狡猾的費雪（Derek Fisher）來防守他。《運動畫刊》體育作家泰勒從林書豪高中時期就看他打球，泰勒在賽前寫道，「林書豪從未遇過（像費雪這樣）如此圓滑與老練的防守球員」，而布萊恩自己也可能「會設法封鎖林書豪，親自戳破他這個泡泡」。當天早上的《紐約郵報》（*New York Post*）封底下了頗精準的注解，上頭有林書豪和布萊恩的照片，底下寫著：「希望林書『好』贏球。」

各界對於林書豪能否成功挑戰意見不一。在對壘的前一晚，湖人對上波士頓塞爾提克這場艱辛的戰役裡，布萊恩和蓋索合計拿下五十二分，帶領球隊贏得勝利。賽後，記者不斷追問布萊恩有關林書豪的問題。若是他的老教練「禪師」傑克森（Phil Jackson，曾執教公牛隊和湖人隊的傳奇教練），這或許是趁機大打心理戰的好機會，但布萊恩卻不斷顯得焦躁：「我聽過他，但我真的不太清楚他的狀況……我甚至不知道他打得怎樣。就好比說，我根本不知道你們在說什麼……到底〔咒罵一聲〕怎麼回事？這小子是誰?!」有一度，布萊恩終於有點頭緒，他說：「好吧，那他現在得來對付我了。」

在此同時，另一種不看好林書豪成功的氣氛正在形成。有些人暗示，林書豪能有所表現，不是因為他的個性和才能，而是因為他在丹東尼教練的進攻體系裡能完美扮演齒輪的角色。就像布萊恩的老隊友、「俠客」歐尼爾在賽前於TNT頻道上說的：「丹東尼體系是由一些跳不高也投不好的傢伙組成的。」他說，這些都是「基本」、「簡單」的籃球技巧，而林書豪是「很聰明的小伙子」，上籃這種簡單招式還難不倒他。說到這裡，歐尼爾不禁流露高傲語氣，他下了個結論：「因此他才會看起來像是有天分的選手，但我們等著看吧，一旦有人抓到他的球路，他是否還能繼續贏球呢？」對這個大塊頭來說，答案很清楚是落在「不會」和「你在開玩笑吧」之間。

但尼克的忠實球迷對這位球員有信心。人們已經用林書豪的姓名創造了上千個雙關語，而導演史派克李（Spike Lee）在賽前似乎決心再打造至少一百個。尼克隊的傳奇人物金恩（Bernard King）也加入「林來瘋」，他解釋：「林書豪是真材實料。他真的是尼克多年來難得一見的控球後衛，也是尼克一直以來在尋找的人。」

NBA開賽前介紹主場隊伍進場時，不但會精心安排，而且聲勢浩大，規模不下於U2搖滾演唱會，只差沒將打敗共產主義的功勞也歸給主場隊伍。當林書豪在閃爍的燈光與球場四周耀眼的螢幕下出場時，《華爾街日報》專欄作家楊致和（Jeff Yang）將觀眾的歡呼聲比喻成「音爆」。他寫道，一看到林書豪，「爆滿的觀眾立刻發出震耳欲聾的各式聲音：尖叫、歡呼、掌聲、『MVP』的喊叫聲，以及最後爆出的吼聲，有人稱這種轟轟然的吼聲是尼克隊的祕密武器。」

來到麥迪遜廣場花園看球的亞裔美國人比例急速增加，穿著林書豪球衣的忠實觀眾也比其他球員加起來還要多。場內出現大批外國媒體。台灣、中國、菲律賓的電視台臨時更動節目，改播尼克隊的比賽；台灣的運動酒吧更是提早開門，好讓顧客能在早上九點一邊喝酒、一邊觀賞他們最愛的NBA明星出賽。林書豪上場對籃網之後的那個星期，林書豪在推特上被人提到二百六十萬次，比美國總統歐巴馬還多。

林書豪在比賽之前有一套固定流程，其中包括和隊友費爾茲有如儀式般的握手，對此，

ESPN、網站「Buzzfeed」和「Bleacher Report」都曾詳細拆解過動作；費爾茲就是當年史丹佛大學沒有收林書豪而徵選的球員之一。這個「NBA史上最具書呆味的握手」（《聖荷西水星報》的用語）是這樣的：兩位篤信基督教且來自菁英大學的畢業生，假裝戴上眼鏡，打開聖經、翻閱頁面，然後把眼鏡收進上衣口袋，最後手指天空。

事後來看，人們會記住這天晚上，因為從林書豪爆紅以來，他打出了籃球生涯截至此時最為精彩的一場球。人們也會因為賽後不久一則帶有種族意識的推特訊息而記住這晚，這則訊息引發全美國熱烈討論亞裔美國人（特別是亞裔美國男性）的困境。

林書豪一路打到這個球場。舞台準備好了。燈光正明亮。尼克主場觀眾呼聲震天。比賽開始了。

即使在加州的舊金山灣區，亞裔美國人高中生也多半參加網球、排球、羽球、高爾夫球、體操和花式滑冰等運動。然而亞裔美國人籃球選手並不會特別稀少，林書豪就在球場上和不少人交手過。在林書豪高中時期看過他打球的大部分觀眾，並不會特別將他視為「亞裔美國人」籃球選手。有時候他會遇到帶有偏見的評論，或者具有種族歧視意味的詆毀，不過比較像是特例，而非常態。

然而到了大學階段，情況就截然不同了。亞裔美國人學生很少能躋身大學賽事的最高殿堂。根據美國大學體育協會（NCAA）的「學生運動員民族與種族報告」，在二〇〇六至〇七年度（當時林書豪是大學新鮮人），一級學校的四八一四位籃球選手當中，只有十九位是亞裔美籍，而這數字還把太平洋島國及亞洲混血兒都算進去了，占比約只有百分之零點四。而且這個數字比起前一年算是有改善了。從二〇〇〇年到〇四年，每一年能進NCAA一級學校打球的亞裔美國人不到十二位。（有趣的是，亞裔美籍女性在大學籃球隊裡的人數明顯較多。）

當然，我們無須因為亞裔美籍學生沒有進到籃球一級大學，就假設他們達不到這個級別。但一般人似乎這樣認定。仔細想想大學教練為何對林書豪興趣缺缺時，不得不懷疑這和種族有（或許是不小的）關係。

教練（假設是清白的）或許沒有因為討厭亞裔美國人而積極排除林書豪。其實種族主義與其文化餘緒要比這幽微許多。謝漢蘭（Helen Zia）是《亞裔美國夢：新興美國人》（*Asian American Dreams: The Emergence of an American People*）一書的作者，她就說：「種族主義普遍存在卻又幽微難辨，常讓我們看不出眼前的事物何而為真。」體育記者泰勒提到NBA球隊如何忽視林書豪時曾寫到：「我在某種程度上知道，林書豪很快就被排除的部分原因是，NBA的人很難相信亞裔美國人可以在NBA打控球後衛；我也踢了自己一腳，因為即使這和我親眼所見的不相符，我也沒有質疑這個傳統看法。」

教練既然從未看過亞裔美國人在籃球場上擔任主控角色，自然會不假思索地有了刻板印象，以為亞裔美國人不夠身強體壯，至少不是打籃球所需的體格，或者在遺傳方面不太具備那樣的體能特質，因此在籃球這類高強度的運動不會成功。教練或許沒有注意到，亞裔美國人在很多運動項目出現的比例不高，有其歷史和文化因素（第一代華裔移民並不會鼓勵孩子去打籃球）；也或許他們沒有意識到，亞裔美國人選手在場上常感覺受排擠、汙衊與輕視，自然讓他們難以持續從事該項運動。所以人們會以為，亞裔美國人很少出現於最頂級的運動賽事，純粹是因為他們缺乏成功所需的特質或才能。

二〇〇八年十二月，同為台裔的記者布萊恩．朱（Bryan Chu，音譯）要為《舊金山紀事報》撰寫有關亞裔美國人很少出現在大學男子籃球比賽的報導時，林書豪告訴他，籃球被視為「黑人和白人的運動」。亞裔美籍球員「不會得到尊重」。籃球圈裡的其他亞裔美國人也同意。林書豪回想時說：「我想如果我是不同種族，（在大學徵選過程裡）我所受到的待遇會不一樣。」這給了他另一個目標。林書豪說，父母「對我說籃球沒辦法養活你這輩子」時，他就有了「代表亞裔美國人」打籃球的「任務」。這激起了他的好勝心，而這也是他在籃球場上表現積極的另一個原因。

林書豪到了大學高年級，就必須面對這類壓力。他真的能夠承擔起矯正錯誤社會觀念的重擔？他真能代表整個族群的渴望？當亞裔美國人來看他比賽的人數不斷增加，當台灣媒體開始詳細報導他的比賽結果，當眾人推崇他為亞裔美國人點亮前方道路，他們想要從他身上得到什麼？畢竟，他一開始並不習慣媒體鎂光燈的強力照射。亞裔美籍社群是否需要林書豪幫他們發言，或者在訪談中代為發聲？還是他只要好好打球，有好表現就可以了？

◆

林書豪一直想進史丹佛大學。它就位在帕中的對街。史丹佛不但在學術方面一直名列美國頂尖大學之列，也從一九九四年起每年都贏得美國最佳整體體育學程的教練盃（Director's Cup）。如果他去念史丹佛，就可以待在家人身邊、持續去山景城基督徒會堂，或許還能把史丹佛籃球隊和他愛上的東帕洛奧圖宣道活動串連起來。此外，加州大學柏克萊分校位在舊金山灣對面，在學術與體育方面的排名只些許落後，而加州大學洛杉磯分校則有美國最負盛名的籃球學程。

但上述幾所學校都對林書豪沒有濃厚興趣。林書豪想拿到獎學金，這樣不但能負擔學雜費，也比較有可能擠進先發球員行列。教練會給拿到獎學金的球員比較多的機會，因為他們希望讓投資獲得回報。鄭牧師就說，林書豪有「強烈的自信心，如果給他機會，他會成功」。但林書豪看過哥哥在古恩高中遇到的挫折，他認為哥哥上場的時間不應該這麼少。他害怕自己可能連以臨時球員身分投上一球的機會都沒有。

回想起徵選過程中，林書豪明顯碰到了對他期望過低的輕度偏見。他在聯盟賽拿過兩次最有價值球員，是北加州年度最佳球員，也入選全加州明星第一隊。他也獲得《舊金山紀事報》和《聖荷西水星報》選為第二區年度少年球員。他帶領球隊登上州冠軍寶座。他整理自己的履歷（學業平均積點四點二分，還有亮眼的測試成績、各種獎項及實習經驗），並附上一片他籃球比賽精華片段的光碟，寄給史丹佛、柏克萊、加州大學洛杉磯分校，以及八所長春藤聯盟學校。不管遠近，其他學校應該都聽過他的成功故事，他理當得到一級大學的獎學金。按理說，應該有一堆學校想要給他獎學金才對。

但沒有。

照常理來說，林書豪應該不需要聯絡他們，而是他們主動聯絡他才對吧。然而十一所他寄出精華光碟的學校中，只有四所回應。加州大學洛杉磯分校表示沒興趣。林書豪參加柏克萊的徵選沒有讓人留下深刻印象，其中一位教練還一直把他的姓錯叫成「龍」。史丹佛則騙他說有興趣，但叫他不要領獎學金，直接來註冊，以「臨時球員」身分進入球隊。林書豪打球的帕中體育館，距離史丹佛籃球隊深紅隊（Cardinal）的主場楓樹體育館（Maples Pavilion）只有一公里左右，如果有人應該要聽說並觀察過林書豪的球技，那應該是史丹佛大學。

然而事後諸葛，若要因此而責難史丹佛教練強生（Trent Johnson）忽略林書豪，實在有點失之輕率。而大學教練的毫無興趣，其實可以讓我們更理解，為何之後的ＮＢＡ教練也興趣缺缺。比起後來在大學高年級，林書豪在中學高年級時其實還沒完全成為像樣的球員。他還在成長，不過仍嫌削瘦，手臂也不夠粗壯。即使戴本布洛克教練也說，當時他「不會坐在那裡說這些一級大學的教練都是豬頭。他們的確會對林書豪有些質疑。」

那年，史丹佛捨林書豪而簽下的球員是否能走得長遠，可能還在未定之天。但林書豪有他的侷限，雖然他會學著克服，可是當時他還沒成功。在徵選過程中，教練通常會請球員以二打二或三打三的形式比賽，但林書豪擅長的是全場五對五的比賽，這樣他才能打出特色。就像他對《紐約時報》說的：「人們若要了解我的球風，最好不要只看一場比賽，因為我並不會展現特別絢爛或華麗的技巧。」所有這些特質造就了林書豪，但也造成他很容易就被忽略。林書豪在籃球場上的無私和謙虛，讓他成為更好的球員，也讓他所處的隊伍變得更好，只不過這些特質讓他真正的價值更難被看見。

林書豪的特長不是過人的體格。他具有過人的心智和精神特質。但這無法扭轉「亞洲男性不擅運動」的刻板印象。林書豪很有打球天分，夠格和世界頂尖球員同場較勁。然而他的最大力量、讓他在籃球場上表現傑出的特質，其實是他的心靈、勇氣、堅持不懈、追求進步的熱情，以及極力想洞悉比賽、幫助球隊的堅強意志。

這些特質無法以碼錶、量尺或統計數據來量化。要測量一個人的身高很容易，但要測量一個人的心智卻很難。唐納修（Steve Donahue）是當時康乃爾大學的總教練，他總結了很多人在那個時候對於林書豪想拿獎學金的看法：「我們都有同樣感覺：我們可以找到更好的球員。」

當然，唐納修的意思是，教練覺得自己能找到更好的「球員」。諷刺的是，如果他們納進林書豪，得到的會是一支更好的「球隊」。

所以，這不能全怪教練。在當時，根據常理判斷，其他球員更讓人印象深刻。他們身形更高大、體力更好，而且在高中生涯的統計數據更為亮眼。但常理是錯誤的，或至少有所侷限。而且教練會受身邊的文化影響，他們以為頂尖球員有特定的樣貌。林書豪的樣子迥異於教練的想像，以至於他們完全沒有把他看在眼裡。而林書豪具有的特質與天分又截然不同於教練的期待，以致他們無法珍惜這些特質與天分。

◆

霍爾登（Bill Holden）是哈佛大學的助理教練，他是第一個看出林書豪潛力的大學教練。二○○五年七月，林書豪準備從高中三年級升上四年級的夏天，霍爾登在美國業餘運動聯盟錦標賽上看到他打球，但印象並不深刻。林書豪號稱有一八三公分、七十七公斤。（霍爾登懷疑官方說法的體重數字，認為林書豪頂多七十公斤。）霍爾登對戴本布洛克教練說，林書豪應該進三級大學。他覺得他們不應該浪費時間嘗試進入名校。

然而幾天後，在同一個錦標賽上，霍爾登看到林書豪打敗一支聯盟菁英球隊，對方隊上可是有好幾名已獲得一級大學徵選的球員。霍爾登告訴體育作家葛林堡（Chris Greenberg）：「他能正面防守那些傢伙。他能把球帶入籃框。他能全場緊迫盯人，卻又能擺脫對方的緊迫防守。他能帶球到禁區，然後起身跳投。」林書豪的打法有霍爾登從未見過的熱情與活力。於是哈佛大學教練蘇利文（Frank Sullivan）飛到帕洛奧圖，想徵求林書豪雙親的同意，而霍爾登繼續關注維京人隊的比賽。簽下林書豪變成哈佛大學的首要選擇。

哈佛大學雖是ＮＣＡＡ一級學校，卻隸屬於次一級的運動聯盟。雖然哈佛大學獲得的贊助金額很龐大，但長春藤聯盟大學不能提供獎學金給運動選手。這會是個問題。林家並不富裕，所以林書豪和戴本教練仍嘗試爭取史丹佛的獎學金，卻遲遲沒有下文，這讓林書豪不再確定能否相信那邊的教練群。他可以先到史丹佛，然後祈禱好事會發生；不過他選擇了哈佛。至少，他在哈佛確定可以上場比賽。至於學費，林繼明和吳信信會一如以往找到辦法，好確定他們的兒子能走在成功的道路上。

事後證明，這是個攸關他籃球生涯的決定。霍爾登說，林書豪來到哈佛時，在「體能上不像是一級大學新生」，也「沒有他現在具備的球品」。如果他去了史丹佛，大學生涯一開始的命運，應該會很類似剛進入職業生涯的時期。「他可能離不開板凳，也苦無機會學習成長。」以這方面而言，對林書豪來說，哈佛大學真的是比較好的學校。哈佛大學籃球隊或許不如史丹佛，但林書豪會得到他所需的鍛鍊，而他也會讓哈佛的籃球學程變得更好。

現在幾乎無法想像，要是沒有進入哈佛大學、碰到阿梅克（Tommy Amaker）教練，林書豪的故事會如何發展。二〇一一年夏天，林書豪到生命河靈糧堂做見證，提到他為了要進NBA所碰到的一連串試煉，包括神如何關起通往史丹佛的大門。從林書豪信仰的角度來看，神沒有給林書豪眼前想要的東西，是為了帶他到能夠走得長遠的地方。這段奇蹟般的歷程、煞費苦心組裝的定時炸彈，還繼續進行著。

二二七五三位申請進入哈佛大學二〇〇六至〇七學年的人當中，只有百分之九（總數二一〇九位）會得到通知（大部分是在三月三十日之前收到電子郵件），得知自己獲准進入這所全美最古老、最傑出的高等學府。哈佛大學是一六三六年創辦於麻州劍橋市，校友當中有六十二位在世的億萬富翁，以及八位美國總統，從兩位亞當斯、老羅斯福、小羅斯福、甘迺迪、小布希到歐巴馬。學校共誕生七十五位諾貝爾獎得主，許多鼎鼎有名的人物也曾就讀哈佛大學，像是政治家漢考克，作家梭羅、愛默生、布洛斯，記者普林頓，前副總統高爾，微軟創辦人比爾蓋茲，以及臉書創辦人祖克柏格。不論是大學、研究所或專業課程，哈佛大學都名列全美國乃至全球頂尖之列。

哈佛校園不像史丹佛那樣廣闊、壯觀，也沒有普林斯頓或耶魯那些高聳、沉悶的歌德式建築。雖然現在它是全世界最富有的大學，但它一開始建造時並沒有偉大的計畫，口袋也不深。它是經年累月由一磚一瓦擴建而成。哈佛園（Harvard Yard）有美國學府的至高聖所之稱，哈佛最有名的建築也在這裡，是殖民時期風格的長方形磚造建築，有著白色廊柱、穹頂或鐘塔。

史丹佛有八千畝的校地，彷彿陽光普照的烏托邦般，不見喧囂與忙亂；相較之下，哈佛只有幾百畝的校地，裡面還有道路、乞丐、漢堡店如巴特利（Bartley），以及如跛腳鴨書店（Lame Duck Books）之類的古文物書店。高年級生會被分配住進學舍（House），而新鮮人則住在十七棟散落於哈佛園內或附近的宿舍，並在紀念堂（Memorial Hall）有著雄偉原木內裝的餐廳裡一起用餐。

林書豪在帕洛奧圖的舊識親友很擔心他在哈佛面臨的轉變。畢竟，他從四季陽光普照、氣候宜人的地方，來到下雪、陰鬱的新英格蘭地區；而加州輕鬆隨性的生活型態，也被長春藤聯盟大學的高度競爭氣氛所取代。然而更重要的是，林書豪熱愛的是籃球，而非書本。林書豪獲准入學時，是個開朗、努力的十八歲青年，雖然學業成績洋洋灑灑，但他不是個書蟲。他也討厭在課堂上發言，極力避免。雖然他以前成績很好，此刻也進了哈佛，他還是比較像運動員，而非知識份子。

但他在帕洛奧圖的朋友其實無需擔心，林書豪的功課應付得還可以。這時他已放棄學醫，改為主修經濟學，副修社會學，畢業時學業平均成績三點一分；以哈佛著名的「分數膨風」（美國名校為讓成績好看，分數打得較寬鬆）狀況來看不算突出，但考量很多時候他都在四處征戰，就一個球員來說已經過得去。他甚至還有時間打電玩，會上網和哥哥與弟弟在「最後一戰」（Halo）裡廝殺，或者玩「魔獸爭霸」的延伸版「遺跡保衛戰」（Defense of the Ancients）。

林書豪並沒有特別故意忽略功課，不過他頗受籃球隊的派對文化吸引。這不是什麼新鮮事，畢竟帕洛奧圖高中不是聖人聚集之地。林書豪是身形高大、有才華、具明星魅力的運動員，所以不乏有女孩子，套句某位牧師的話，「向他獻殷勤」。林書豪並沒有特地逃離這些誘惑。他想和隊友一起行動，而他們很多人並不像他有宗教信仰。他想花多一點時間待在那個圈子裡，但那樣的環境，誘惑可不少。就像林書豪的一位牧師告訴我的，林書豪試著在那樣的環境裡「散發」耶穌基督的氣息；耶穌不是花很多時間和酒鬼與罪人在一起嗎？但這並不容易。所以，林書豪同樣面對了其他高中生和大學生所碰到的選擇與誘惑。

高中時代，林書豪並不太追求異性緣。到了大學，他開始和異性朋友發展長期關係。教友們回憶，他會在房間裡大聲聽著女朋友的無伴奏人聲演唱，並且即使是「浪漫關係，他都誠懇地想要扮演心靈導師的角色」。這可能不會讓他成為熱門的約會對象，但對教友來說，這是高度讚譽。而且，林書豪的心靈成熟度，乃至他對於傳述神的故事的熱情，對哈佛的基督徒女孩子來說頗具魅力。

假裝林書豪很完美，會讓他的故事失之偏頗，也有違他的信仰。身為基督徒，林書豪相信罪會隱隱潛藏，也相信需要完整不斷的神恩。林書豪經常形容他在哈佛的前一、兩年是一段掙扎與迷失的歲月。艾德安．譚（Adrian Tam，音譯）是林書豪那些年的屬靈導師之一，他告訴我：「他知道自己在頭一、兩年有點離開神。他有點被哈佛的許多世俗活動綁住。籃球隊是頗為世俗的球隊。」或者就像林書豪在生命河靈糧堂說的，他在哈佛的「前面一年半非常掙扎」，直到他深入參與基督教團契，他的「信仰才又開始增長」。

◆

這是林書豪生命歷程的其中一個轉轍點，稍一不慎，整輛火車可能就此出軌。如果林書豪沒有選擇繼續努力、追求進步，反而因為錯誤決定、不良習慣和不好的人際關係而了無生氣；如果他和信仰斷了聯繫，反而懷疑起自己的希望和夢想；如果他放棄自己、變得冷淡無情，那麼他的才華、努力及所有人為他投注的心力，都將化為泡影。

還好，即使在前一、兩年的哈佛時光，林書豪的朋友和牧師都看得出來，這位年輕人非常認真地想要徹底實踐自己的宗教信念。林書豪找到能肯定自己價值、信念和抱負的社群時，他也找到了自己的立足點。

基督教行道會（Evangelical Covenant Church）是一個多種民族的福音教派，林書豪在哈佛大學的那幾年會去其中的三個教會：劍橋社區團契教會（Cambridge Community Fellowship Church）、阿林頓的高岩教會（Highrock church of Arlington）及基石教會（Cornerstone），後者在校園旁邊有個禮拜場所。他會參加劍橋團契是因為有親戚也去那裡，金牧師（Larry Kim）告訴我，在他來之前，「我們就聽說過他，也想照顧他。」林書豪從大一到大二是去劍橋團契，三、四年級則大多到基石教會。

這幾個教會的教徒大多是亞裔美國人。其實林書豪只要搭地鐵紅線，過個幾站就可以到公園街教堂（Park Street Church），這個很有規模的福音教堂是哈佛教友常去的地點。不過林書豪並沒有來這裡，他還是比較喜歡去類似他成長過程中參加的教會。

林書豪會在幾個教會之間走動，但他在哈佛那幾年，最常去的還是哈佛－雷德克里夫亞裔美國人基督徒團契（HRAACF）。這個團契創辦於一九九四年，期望在大學多種族的廣大基督徒社群裡，能特別照顧到亞裔美國人學生的需求。團契早期的牧師之一吉米·郭（Jimmy Quach）解釋，「我們的目標並不是要打造一個種族避風港，只為了讓亞裔美國人相濡以沫」，而是「同時身為亞裔和美國人，若能將我們最美好的部分貢獻給更大的宗教使命，必定有其意義，我們想培養能了解這層意義的人。」

這個團契的核心是「家族小組」，分為男性小組和女性小組，定期聚會，分享彼此生活並深化信念；這名稱恰如其分，因為團契就像一個大家族。家族小組成員大多生活在一起，一起吃飯、一起去上課，彼此的生活有很強的連結。林書豪在大一參加了查經班，之後的哈佛歲月也加入一個家族小組。他融入得很好。雖然他是很有才華的籃球員，但在其他方面，他和其他家族成員有著同樣的經驗和掙扎。

這很重要。在社群的支持中成長，也許不像受傷的腳踝復原、或證明自己能在終場鳴聲響起時投入致勝一球那樣有戲劇性，但這同樣是造就林書豪的重要關鍵，也是他成功的重要原因。在過去二十三年裡，林書豪的性格在家人、朋友、教會和教友的良好呵護下成長。他沒有一直生活在亞裔美國人的泡泡之中；他總是想要跨過文化的界限。然而，他同時也和一直支持、鼓勵他追求夢想的亞裔美國人基督徒社群保持密切關係。

若非如此，他可能不會成功。

「林書豪知道自己並不孤單，」郭牧師說，「他知道有個大家族會支持他達成任務。」

事實上，林書豪以驚人表現為尼克隊贏球、躍上世界舞台之後沒多久，他曾寫過幾封信給哈佛團契的校友，請他們為他禱告。湯姆．林（Tom Lin）是該團契創辦人之一，現在是校園基督徒團契（InterVarsity Christian Fellowship）副團長，他說那些電子郵件「彰顯了我們的兩項核心價值，其一是畢業之後仍會延續下去的緊密社群感，另一是無論神召喚你從事什麼工作，你都會在生活中不斷想達成神給予的使命」。林書豪在哈佛團契的那些年，逐漸看出自己將以職業籃球選手為志業，他視此為神聖的召喚與使命，而且知道自己的信仰社群會「想要支持並祈禱」他達成使命。

這讓林書豪這樣的年輕人能盡情發揮，不斷嘗試攀上新高，因為他知道自己萬一落敗，這個忠實的社群會接住他。郭牧師說：「在人們大多想從林書豪身上得到些什麼的時候，他知道有一群人會用禱告幫助並支持他。」

哈佛團契也讓林書豪有地方可以卸下心防，單純做他自己；特別是在他名氣暴漲之後，這點更顯珍貴。若是問起他在團契的朋友，林書豪的三大特色是什麼，「愚蠢的幽默感」一定榜上有名。

丹尼和林書豪在大一參加同一個查經班，大二加入同一個家族小組，然後在大三、大四帶領一個家族小組。他們每個星期天晚上也會在一家熱門的越南餐廳和朋友聚會，那家餐廳是由磚造停車場建築改建而成，距離哈佛大學只有一條街遠。大二的一個晚上，丹尼、林書豪和他們的朋友安迪在吃麵時，知道彼此都很想穿耳洞，所以他們決定一起行動。可是林書豪怕打針，丹尼必須坐在旁邊陪他。「我想，我準備要握住他的手，」丹尼告訴我，想要回憶起細節，「我不能百分之百確定他有拒絕我。」

等到他們放完假回來時，林書豪的耳洞已經密合，因為他母親叫他拿掉耳環。丹尼和林書豪討論要不要再穿一次，但林書豪擔心吳信信的反應。他決定問問母親是否可以再穿耳洞，只要這幾個月就好，等到他要回到山景城基督徒會堂見朋友（他們和其他孩子會向他看齊），他可以把耳環拿下來。丹尼取笑他未免也太孝順了吧；他的意思是，徵求母親同意，似乎和穿耳洞的叛逆精神相違背啊。

林書豪度過先前於哈佛的迷失期之後，很想要分享自己的信念，所以他和丹尼在大三帶領的家族小組，與團契裡的其他小組不盡相同，有些人並不是哈佛團契的成員。這是他們特地安排的。林書豪四處邀請不是基督徒的朋友和隊友，他們會舉辦大胃王比賽或玩遊戲，有個遊戲把網球放進褲襪，另一個是戴上眼罩然後互丟捲起來的襪子。不過他們也會談論宗教方面的事情。面對其他不同信仰的人，林書豪會坦率地分享自己的掙扎、墮落，以及他最珍視的信仰。金牧師說，他總是那麼開放，卻又脆弱。

林書豪成為崛起的新星之時，他在基石教會最忠誠的兩位粉絲是李牧師（Engene Lee）的兒子，南森和雅各。即使他已逐漸吸引美國和台灣媒體注意、成為鼎鼎有名的人物，他依然上教會，舉止也一如往常。南森和雅各當時分別是六歲和五歲，碰到林書豪時會拿出自己繪製的卡片和海報，上頭是林書豪在波士頓學院（Boston College）或康乃狄克大學以超級英雄之姿灌籃的畫面。李牧師說，林書豪會「羞怯地收下，露出非常感謝的表情」，然後拿出之後幾場比賽的貴賓券給他們。他成功進入ＮＢＡ之後，也會寄簽上名字的菜鳥球員卡給這兩個男孩子。

金牧師說：「他是正人君子，也是有虔誠信仰的人，很認真地想要達成神交付給他的人生任務。」

◆

這些亞裔美國人基督徒團體之所以是這個故事的重要一部分，其實還有另一個原因：多年來，他們是最早支持林書豪的一股力量，後來這股力量匯聚成亞裔美國人的支持浪潮。早在林書豪於哈佛緋紅隊（Crimson）的主場拉維提體育館（Lavietes Pavilion）打球時，劍橋團契和哈佛團契的教友就會到場加油。

他們會來加油，至少一開始並不是因為知道林書豪會大紅大紫。事實上，金牧師心裡還想，如果林書豪是「優秀」的籃球選手，那他應該要去籃球明星學校才對。不過，這不是重點。金牧師說，重點是，他們只想「讓他知道有許多人關心他」。賽後，林書豪會不斷感謝他們來觀賽，彷彿為了耽誤他們的時間而道歉。金牧師說：「現在想起來有點好笑，但當時我們都沒有意識到。」

慢慢地，看台上的亞裔美籍觀眾注意到，林書豪不只是亞裔基督徒球員，他也是個極有才華的球員，而且對比賽有著會放電的熱情。金牧師回憶道：「跳上跳下，揮舞拳頭打氣，這些動作你都可以在他大一那年就看到了。從一開始，他就散發出一股感染力，因為他太熱愛籃球了。」不過每個人還是注意到種族因素。「人們意識到，難得看到這麼有才華的亞裔美國人球員。他們開始印製有關他的T恤。」

當然，林書豪一直都有球迷。他在帕中打球時，有一群二年級的女學生會帶著海報來看球，一邊呼喊著她們對林書豪的熱愛。

不過，哈佛的情況不太一樣。亞裔美國人開始來看他比賽、為他加油，是想要看到有潛力的亞裔美國人籃球員能夠發光發熱。他們想要參與其中。林書豪不再只是眾多亞裔美國人高中球員，而是一級大學為數不多的球員當中的一員，或許也是唯一有潛力進軍職業賽事的亞裔美國人球員。

不過，這不容易。在長春藤聯盟打球，不管是到南邊的費城、西北邊的綺色佳，還是東北邊的漢諾瓦，林書豪碰到很多帶有種族歧視的奚落與侮辱，次數遠超過之前在舊金山灣區。他們對他大喊「滾回中國！」「管弦樂團在校園另一邊！」「糖醋排骨！」「睜開你的眼睛！」當他站上罰球線時，對方球迷會喊：「餛飩湯！」而這些，還不是最糟糕的。

結果，應該很有智慧的長春藤聯盟學生，竟變得像是尚未啟蒙一般。而長春藤聯盟以外的其他球迷可能也會如此。

然而在哈佛的拉維提體育館主場，即使林書豪幾乎沒有離開板凳，亞裔美籍球迷還是會來加油。他們當中有些人其實對林書豪所知不多。他們喜歡看他比賽。他們喜歡他展現的熱情。不過他們真正喜歡的是，林書豪是亞裔美國人球員。

到了三、四年級，林書豪的名氣漸響，台灣和中國媒體開始注意到他，這時情況也有了轉變。林書豪在主場還是有一批支持的球迷，但是對手學校的亞裔美國人學生也會跑來，看這位他們聽說過的林書豪。甚至林書豪痛宰自己學校的球隊達二、三十分時，他們還在為他加油。

不管是在拉維提體育館或其他地方，對於看台上的亞裔美國人球迷來說，觀賞一個和自己長相類似的球員帶領隊伍叱咤球場，是很重要的一件事，雖然他們自己可能沒有意識到。這有療癒效果，也是一種救贖。看到某個「像他們的人」做到「像那樣的事情」，感覺很棒。他們來到球場，坐到看台上，不只是要看他打球，還想目睹刻板印象被徹底打破的過程。他們眼前的這位亞裔美籍球員，在他們心中激起了一股認同感及民族驕傲。林書豪不知不覺帶起了一場運動。

或者，更讓人訝異的是，這場運動開始有自己的發展軌跡。參與其中的人不但自動自發，也會自我組織。球迷沒有要求林書豪發表演說，他們也不需要他競選一官半職，或者創立擁護團體。他不需要發表論文，或者出版書籍。他只要做一件事就好，即打籃球；光是這樣就造成了改變。

如同羅賓森（Jackie Robinson，美國職棒大聯盟第一位非裔美國人球員）、網球明星張德培，還有老虎伍茲，他們都是「自己族群」第一位到達前所未有高度的運動員，他們光是打球就有一股力量。羅賓森不需要發表演說。參加比賽、顯露自己的出身、讓大家看到自己能在運動場登上顛峰，這比任何雄辯都要來得有說服力。

好好打球，事情自然會發生。林書豪好好打球，事情就發生了。而且林書豪才剛剛開始而已。

雖然尼克對湖人這場比賽引起眾人關注，不過兩隊在開賽之後的兩分鐘都沒有任何進帳。一開始，林書豪就積極搶攻。之後的三分鐘，林書豪有兩次助攻，其中一個漂亮傳球給錢德勒灌籃得分；他自己拿下九分，包括在湖人隊二一〇公分的中鋒拜能（Andrew Bynum）面前投出的一顆三分球、一次抄截之後的迅速挑籃進球，以及在長人錢德勒掩護下的兩次跳投。

法也完全破功。

突然之間，尼克以十三比四領先，而「俠客」歐尼爾對於林書豪只能以上籃方式得分的說法也完全破功。

林書豪在第一節還剩幾分鐘時下場休息，這時他拿下十分、三助攻。第二節回到場上沒多久，他就衝進對方的防守區域，近身接觸製造犯規的機會，並且來個跑步間跳投。湖人也沒放鬆，保持五分落後的差距，這時林書豪帶球穿過禁區，來個煞車急停，讓費雪從眼前閃過，然後轉身跳投。

不過真正讓觀眾起立的是下面這球。布萊恩跳投沒進之後，林書豪抓下籃板，帶球運過中場，這時四名湖人球員已經回防。不過林書豪的面前只有費雪一個人防守，他知道防守球員會有何反應，所以他往右邊切。就在費雪的身體重心轉移時，林書豪用力把球往地板一拋，反彈之後把球揣在懷裡，然後做出三百六十度旋轉。這時費雪已經來不及反應，只能伸手想要抱住他。但林書豪的腳步沒停住，即使湖人前鋒巴恩斯（Matt Barnes）伸長了手臂，林書豪仍然上籃得分。

中場鳴聲響起時，林書豪幾乎是用衝的跑進休息室，很顯然他並不是因為樂昏頭。雖然他上半場拿下十八分，卻對自己無法傳球給已就得分位置的錢德勒而沮喪不已。休息時間他一直看著影片，想要找到更好的控球方式。林繼明一定會為此感到驕傲。

第三節打到一半，布萊恩（截至目前投十一球只進一球）開始發威，每次進球都很漂亮：從籃板後方轉身跳投、芭蕾舞般的後仰式跳投、從底線另一次轉身跳投，把尼克的領先從十分縮小到六分。林書豪這節拿到九分，當中有五分是罰球，另外有三次失誤。即使如此，林書豪還是拿到了二十七分，這時推特上面爆炸了，大家瘋狂討論林書豪如何勝過布萊恩、智取費雪。樂昏的亞裔美籍球迷在推特上發文（而且很快附上林書豪在禁區發威的照片）問道：「誰說亞洲人無法突破禁區？」

湖人的布萊恩在進入第四節之後大暴走，很快就要追平比數。前面幾分鐘，林書豪在場下休息，這時洛杉磯已經追到只差三分。等林書豪回到場上，把球餵給尚波特，讓他從中距離漂亮進球之後，紐約的領先又拉大了。

除了布萊恩和林書豪，那晚兩隊都沒有人得分超過十二分。所以這是兩位堅決鬥士之間的比拚，雙方都使出了渾身解數。看到隊友應付不過來，布萊恩接過球後自己運球，結果一到禁區就碰到包夾。他轉身閃過防守球員，一邊往籃框跳起身，一邊把球往籃板拋，球反彈了回來……然後就在電光火石之間，他抓到球，傳給蓋索，讓他砍進一個跳投，也讓洛杉磯回到七分差距。這個漂亮的動作讓ＥＳＰＮ的主播非常激動。之後布萊恩仍持續在底線展現他流暢的後仰式跳投。

不過林書豪的反擊更有力。面對二一〇公分前鋒蓋索的防守，林書豪在三分線外運球，他稍作打量，發現蓋索並沒有逼進，應是怕林書豪快步閃過他，結果林書豪一個起身，從將近六公尺外出手（可惜腳踩在三分線上）。這是一個大膽的舉動，結果他不但進球、讓自己拿到三十一分，還讓尼克領先了十分。

觀眾陷入瘋狂，手中揮舞著「林皇帝」（Emperor Lin）、「沒什麼不可林」（Lin-Possibe is Everything）和「麥迪遜林家花園」（Madison Square Guard-Lin）的標語。主播布林大喊：「現在觀眾欣喜若狂！」但林書豪沒有笑容或伸長舌頭搖晃。他收著下巴，回防時看著對手，就像拳擊手等著對手從另一個角落出來，準備再次痛擊對方。

比賽繼續進行，林書豪站在球場右邊湖人隊的板凳區前面，投出一顆弧線漂亮的三分球，唰的應聲入網，霎時麥迪遜廣場花園像是要發生暴動了。背號十七號的球員一路高舉投球的手臂，跑回去加入雀躍的隊友，他握緊拳頭、發出怒吼，和隊友相互擊掌，鼓舞著尼克隊完成挑戰。

結果奏效了。尼克隊其他球員在這艱苦一戰的尾聲，全都受到了鼓舞與激勵。就像球評布朗（Hubie Brown）說的：「他的舉措很有感染力，其他隊友全都發揮了最大的潛力。」

不過比賽還沒結束。布萊恩一個轉身跳投造成尼克犯規，加罰之後賺進三分。之後林書豪拿到球，先向右閃過二一三公分的巴恩斯，再向左繞過蓋索，半轉身之後背向出手投籃，球擦板進了籃框。這時連「甜瓜」安東尼都失去了冷靜，他穿著風衣，站在邊線，為林書豪大聲叫喊。

之後布萊恩再貢獻兩次跳投，其中一個在三分線外，而林書豪則在比賽剩下不到一分鐘時投進兩顆罰球。這場殊死戰只剩下不到四十二秒。布萊恩左一個轉圈、右一個轉圈，想要過人把球往底線帶，但林書豪擋住他的路線。布萊恩只好傳球給布萊克（Steve Blake），球再傳給巴恩斯，然後巴恩斯想要往籃下切。這時林書豪已經橫過球場，來到巴恩斯面前站定，高舉他的雙臂……進攻犯規的哨音響起。再一次，觀眾全站起來，爆出熱烈掌聲。

綜觀林書豪那晚的表現，「主控全場」不是最能形容他的球技，但可能是形容他性格的最好說法。這天晚上，林書豪毫無疑問是花園球場上的英雄：拿到三十八分、七次助攻，且看台上不斷大聲傳出「ＭＶＰ！」的呼聲；即使比賽幾乎快結束了，他還是衝到身形比他高大的對手前面，阻止對方進攻。被撞倒在地之後，林書豪看著天花板，揮舞著拳頭，發出怒吼；他是籃球戰場上的鬥士，筋疲力盡、欣喜雀躍，又不屈不撓，以犧牲姿態跌坐在地，但以勝利之姿重新站起來。

從終場倒數前九分二十六秒重新回到球場，到尼克贏得比賽，球隊進帳的二十二分當中，林書豪就貢獻了十五分（自己得十一分，兩次給尚波特的助攻得到四分）。有些球不算他助攻，但也是他製造的機會，像是他曾突破對方防守，製造尚波特在外圍的空檔，讓這名菜鳥後衛帶球切入禁區投籃，對方犯規，加罰後共得三分。

◆

林書豪在近三場比賽總共拿到八十九分，打破NBA三十幾年來球員頭三場先發的得分紀錄。他連續四場比賽的成績也都創下生涯新高，先是對籃網時，得分和助攻達到生涯新高；接著對爵士時又打破紀錄；對巫師時助攻再度攀升；現在對湖人，則是得分創生涯新高。他的投籃命中率高達百分之五十八，中場休息時還在看影片，想要找到辦法幫助隊友得到更多分數。

賽後，布萊恩很清楚林書豪是誰了。布萊恩的出手次數比林書豪多六次，但是得分少了四分。他說：「這很精彩，證明了堅持和努力會有成果。我相信他下了一番苦功，才能對自己一直很有信心，（而且）現在他把握了表現的機會。」後來，一名台灣記者問他能否給林書豪建議，他一時呆住了。「我哪能給他什麼鬼建議！」他說這話時，記者笑了出來。「他對我們都快拿了四十分！」

林書豪賽後在場上接受ESPN女記者索爾特（Lisa Salters）訪問時，臉上不禁露出笑容。對方問到這和他對NBA生涯的期望比較起來覺得如何時，林書豪就像是不敢置信一般笑著說：「這就是了，就在這裡。這是我的夢想。我很感謝神，因為這就是我活著的夢想，我非常感恩。」

林書豪進到休息室盥洗時，丹東尼教練正在召開賽後記者會。他坦承對於林書豪能拿下這麼多分感到震驚，不過最重要的是，這「三十八分是在團隊合作下拿到的」。等到丹東尼離開、媒體等待最佳球員上台時，一名資深體育作家轉頭面對另一個人，以幾乎全場可聽聞的聲音說，他們全都應該因為不看好林書豪而被炒魷魚。

◆

對洛杉磯湖人隊的這場比賽是「林來瘋」爆發的關鍵時刻，理由有好幾個。在全美國觀賞ESPN的觀眾注視之下，在全世界最有名的球場，對上全世界最有名的籃球隊，沒有其他舞台比這個更盛大了。如果之前還稱不上林來瘋，那麼林書豪證明自己能夠打敗布萊恩和湖人隊之後，這股林來瘋立即席捲全美國，威力甚至遠到台灣。突然間，中國大陸、菲律賓和新加坡也都捲入這場風暴。

這場比賽之所以重要還有另外一個原因：關於林書豪的話題在賽後有了重要轉向。凱伊．

馬（Kai Ma，音譯）是紐約亞裔美國人作家工作坊的主編，也是狂熱的湖人球迷，她的心情頗具代表性，她寫道：「我好傷心，但同時我也好高興。」亞裔美國人對於林書豪的成就充滿驕傲，很高興看到他奠定了紐約先發控球後衛及聯盟熱門新星的地位。《紐約時報》的麥克．羅（Michael Luo，音譯）幾乎在同時寫道：「我等不及明天要以亞裔美國人的身分在紐約街上走走。」稍後，麥克．羅對我解釋，他指的是「和這城市裡其他人的一種種連結，不論種族，共同慶賀一個與我們一切如此類似的人。」

另一方面，就在（特別是）亞裔美國人對林書豪形成一股強烈認同感之際，體育作家惠洛克（Jason Whitlock）竟然在推特上寫道：「今晚，某位幸運的紐約女子將感受到只有兩吋短的痛楚。」這段粗野的發言是暗指：亞裔美國人男性在那方面的天賦不如其他人（根本沒這回事）。

這話很傷人。在慶賀的氣氛之中，正當亞裔美國人，尤其是亞裔美國人男性，終於感覺到他們似乎被這個社會接納了，似乎已經擺脫長久以來套在他們身上的那種沒教養、不體面、削減男子氣概的刻板印象，這時惠洛克的發言（可說是）敲到他們褲襠下的要害。對某些人來說，惠洛克身為非裔美國人，似乎不喜歡看到亞裔美國人在籃球場上的表現勝過非裔美國人，因此想要以幼稚的「我的比較大」發言，來暗踹亞裔美國人一腳。

然而早在這之前，人們就已開始爭論林書豪所代表的意義。當然，美國有各種不同類型的人，為了各種不同的理由支持林書豪，可能是因為他的信仰、教育背景、打球方式，或者只因為我們都喜歡看到無名小卒成功。不過，遠在林書豪對籃網進攻大爆發之前，亞裔美國人就已經和林書豪產生連結，並在他身上看到了自己。如果不是更早，至少也是在哈佛校園隔著查爾斯河對面的拉維提體育館裡，林書豪就開始成為亞裔美國人的民族英雄。

換句話說，正因為亞裔美國人早已認同林書豪，所以對林書豪的攻訐，他們才會如此感同身受。而那些受到林書豪啟發的人們，已不打算從這場戰役中退卻。

Game 5

明尼蘇達灰狼隊

任務達成了

這是灰狼一群選秀球星與尼克一位落選板凳常客間的對決，也是林書豪哈佛籃球路的翻版，他帶領哈佛大爛隊徹底蛻變，數度勇破聯盟強隊！

與湖人隊那場激烈賽事比完之後，另一種衝突出現在文化和觀念的世界裡。體育專欄作家惠洛克的「兩吋痛楚」只不過是個開頭，很快這就演變成一場種族歧視的狂風暴雨，但這也開啟了一場爭辯：到底林書豪代表了什麼意義？亞裔美國人的困境又是什麼？

隨著惠洛克在推特寫的那句話，一堆帶著偏見、含沙射影或不懷好意的字眼漫天襲來，例如「黃色曼巴」（Yellow Memba，布萊恩拍了部影片叫《黑色曼巴》，然而「黃色」有貶意）；《紐約郵報》頭條用了「美亞人」（Amasian，結合 American〔美國人〕和 Asian〔亞洲人〕），可是好幾位作家指出，當年投手庫佛斯（Sandy Koufax）投出完全比賽時，沒有人想出「Jewtiful」（結合 Jew〔猶太人〕和 Beautiful〔漂亮〕），或者籃球巨星張伯倫（Wilt Chamberlain）在一場比賽勇奪一百分後，也沒有創造出「Blacktastic」（結合 Black〔黑人〕和 Fantastic〔神奇〕）。但你可以在麥迪遜廣場花園電視網看到林書豪從中國餐館常見的幸運餅裡鑽出來的影像，班傑利冰淇淋（Ben and Jerry's）也推出幸運餅口味，體育網站「Deadspin」品嘗過後評論說「種族地好吃」。最惡名昭彰的是ESPN多種媒體出現的一句「Chink in the Armor」（字意是「盔甲上的裂縫」，但「Chink」有「中國佬」之貶意）。將這句頭條標題放上網的編輯後來丟了飯碗；他真心辯解說自己不是故意的，只是不小心，不過同時他又提出毫無說服力的奇怪論據，說自己不可能是種族歧視者，因為他真的很關心窮人。同樣的人有些被勒令留職停薪，班傑利冰淇淋則道歉了事。電視節目《週六夜現場》（*Saturday Night Live*）播了個短劇，四名體育評論員講了一大堆嘲笑亞洲文化的笑話，可是其中一人用相同的方式講了些非裔美國人的笑話後，就立刻被炒魷魚了。整件事好像給大眾上了一堂課，教導面對亞裔美國人必須小心的種族敏感規條。

正如資深記者朱華強（William Wong）說的，林書豪是亞裔美國人的「第一個超級運動明星」。他不單以籃球員的身分出人頭地，也成了偶像兼榜樣、摧毀偏見的大力神、亞裔美國人的代表、籃球運動的先驅者，以及亞裔美國人男子氣概的最新典範。在美國媒體上，亞裔美國人男性一直缺乏正面的代表人物，所有這些因素使得林書豪重要無比。

也就像傑伊・康（Jay Caspian Kang，音譯）所寫的：「關於林書豪的一切，不論是讚賞的、否定的還是歧視的，全都加倍檢視著我們這個族群的地位。原本這是很荒謬的，但如果在主流媒體、在好萊塢或在政壇中，你的種族幾乎沒什麼公眾代表人物，那麼無論碰到什麼你都會撲過去。」

美國人接納林書豪有很多原因，這方面往後我還會加以探討。然而對亞裔美國人，特別是亞裔美國男人來說，林書豪是個強大的符號：這位亞裔美國人在這項超級男性化的運動中可以和「小飛俠」布萊恩平起平坐，而且（起碼在那個晚上）以勝者之姿收場。

在心理層面上，這是具有革命意義的，許多亞裔美國人坦承，看到林書豪打贏布萊恩和湖人隊讓他們心情激動。其中一位是知名部落格「憤怒亞洲男」（Angry Asian Man）的格主柳菲爾（Phil Yu）。「我有點喉頭哽咽，真的，」他說，「看到林書豪在那麼美國化的運動中受到接納、慶賀，使我們也變得更像美國人，讓其他人更把我們當美國人看待。」

林書豪開始成為一種試金石、啟蒙者、所有劣勢者的領袖，是一個長期覺得受到忽略和排斥之族群的民族英雄。

二月十一日和灰狼隊的對壘，可說是「一堆眾人搶簽約的球星」和「一個沒人要簽約而出名的傢伙」之間的對抗。這邊的角落是明尼蘇達灰狼隊，他們有六名球員在ＮＢＡ選秀會上是前六順位被選走的：韋斯特（Martell Webster）是二〇〇五年的第六順位；在二〇〇八年，比斯利（Michael Beasley）是第二順位，勒夫（Kevin Love）是第五順位；盧比歐（Ricky Rubio）在二〇〇九年以第五順位被挑走；強生（Wesley Johnson）是二〇一〇年的第四順位；最後，德瑞克·威廉斯（Derrick Williams）剛在二〇一一年以第二順位出線。而在另一邊的角落呢，紐約的超級球星們依然高掛免戰牌，領導他們的則是現在已經名聲大噪、ＮＢＡ選秀會上沒人青睞的二年級控球後衛。不過，先發前幾場比賽便打破紀錄的人卻是林書豪，他平均每場得二十八分、八助攻，投籃命中率高達百分之五十八。

不過讓林書豪名揚天下的七連勝當中，最令人精疲力竭的要算和明尼蘇達的這場賽事了。因為前一天，林書豪和隊友們剛和湖人隊打完一場心力耗盡的比賽，立刻又飛到明尼蘇達州的明尼亞波里斯市，而這是尼克隊十天之內的第七場賽事，好幾名球員都無法上場了，一共只有三名板凳球員可以一用：尚波特、諾瓦克和徐徐老矣的畢比。

明尼蘇達前一晚也打了一場累死人的比賽，乃是和衛冕總冠軍的達拉斯小牛隊對陣，因此和尼克隊同樣兵疲馬乏，結果雙方演出一場苦戰，互相折磨但又草率十分，尼克共有十九次失誤，灰狼更有二十二次之多。可是灰狼已經連輸兩場，極度渴望能在主場的家鄉父老面前搶得一勝，特別是這個晚上門票銷售一空，是二〇〇四年以來主場塔吉特中心（Targer Center）觀眾最多的一次，陣中長人勒夫和隊友佩科維奇（Nikola Pekovic）近況不錯，兩人的得分和籃板數據高得嚇人。

林書豪於比賽前九十分鐘抵達塔吉特中心，開始練球暖身。隨著座位慢慢填滿，中華民國的國旗也開始在觀眾席上飄揚。進場看球的不只是年輕的亞洲男性。無論是這晚在明尼亞波里斯，或者之後二月二十二日我在麥迪遜廣場花園看尼克鬥亞特蘭大老鷹，都可以看到好多夫妻帶著小孩來看林書豪打球。我問他們這樣做的原因時，他們的回答全都一樣：因為林書豪是好榜樣，值得支持。

林書豪進的第一球是切入籃下，一頭撞進體重一百三十公斤的佩科維奇胸口後再投進；他進的第二球十分像布萊恩在胯下交叉運球，接著躍起後仰跳投，空心進網。接下來他有兩球採取高拋，先後越過勒夫和佩科維奇，像彩虹般入網。第一節還剩兩分半鐘時，林書豪離場休息，直到第二節過了一半多才再度進場。半場結束前的兩分鐘內他再添六分，可是半場比完，尼克落後八分。他們要辛苦萬分從後追趕。

下半場開始時，看來逆轉勝的機率甚低。林書豪上半場十二投七中，得到十五分，但下半場他的表現差勁極了，十二投才中一球。幸而靠著第三節費爾茲的八分和尚波特的九分，尼克才不至於落後太多。進入第四節時，尼克仍然以五分落後，每個人明顯疲乏不堪，看起來連勝紀錄將於今晚結束。

也許看看林書豪儘管自己投不進球，卻仍能有效指揮隊友進攻，就可以察覺他為尼克隊帶來多大的轉變了。透過他的穿針引線，尚波特重現活力，當晚最終拿下二十分，諾瓦克也貢獻了十五分。接近決勝時刻時，林書豪有三次關鍵助攻，分別把球交給費爾茲、尚波特和諾瓦克，諾瓦克投進的那個三分球更是關鍵，兩隊因而戰成九十八對九十八平手，時間剩下三十六秒。

於是到了最後的決勝時刻，林書豪在記分桌旁邊運著球，讓時間跑到剩下八秒。錢德勒在盧比歐背後設起屏障，讓林書豪脫離防守，往籃下明尼蘇達長人陣的虎牙直衝過去。林書豪賺到一次犯規（或根本是好幾次），時間只餘下四點九秒。他站到罰球線上，投進致勝的一分罰球。

輪到灰狼發球進場，盧比歐卻在帶球時將球踢出界外，喪失球權。明尼蘇達只好用犯規戰術，將尼克前鋒沃克（Bill Walker）送上罰球線。沃克兩罰中一，將領先增加至兩分，一〇〇對九十八。最後，灰狼的勒夫孤注一擲地投出一記三分長射，可是沒進，尼克再度不知怎地有辦法又贏了一場。

毋庸置疑，這場比賽是林書豪七場比賽中表現最差的一場。儘管如此，他獨拿二十分，貢獻了八助攻、六籃板，球賽剩下不到五秒時拿下致勝的一分。就算是他打得「最差」的一場球賽，都是八天前他作夢也想不到的表現。

更重要的是，即使林書豪表現陷入低潮，這支被他激勵而重獲新生的球隊卻能在這等時刻把他拉起來，將他送上勝利大道。像尚波特和諾瓦克等球員，原本彷彿在球場上夢遊一般，但林書豪喚醒了隊魂之後，他們兩人以高命中率頻頻獲得高分。雖然勒夫和佩科維奇加起來總共奪下五十三分和三十四籃板，尼克隊卻有五名球員的得分達到雙位數，壓迫式防守更使得灰狼陷入混亂，出現二十二次失誤。

到這裡，尼克已經五連勝，接下來是多倫多。在那裡，另一個「林來瘋」英雄傳奇的決定性時刻正等著要發生。

二〇〇七到〇八年的大學籃球開季在即，哈佛的緋紅隊來到史丹佛大學參加「籃球旅行家經典錦標賽」（Basketball Travelers Classic tournament）之時，為當時二年級的林書豪提供了許多機會：這是他成為哈佛先發球員的頭一次機會；這也是他提醒家鄉球迷他能夠成為如此優秀球員的機會，觀眾席擠滿了穿著繡上「林書豪秀」綠色維京人隊T恤的親朋好友可為明證；而這更是他向史丹佛教練強生證明拒絕給他獎學金是天大錯誤的大好機會。

然而，十一月九日的這場哈佛對史丹佛大戰，也許是林書豪從高中到大學表現最差的一次。他上場二十一分鐘，六投零中，一個籃板也沒搶到，也沒有任何助攻和抄截，下半場剩二十三秒的時候更犯滿離場。史丹佛以一百一十一對五十六大勝，這是哈佛將近二十年來輸得最慘的一次。賽後強生說：「在每一個球員位置，我們都比較高大、比較強壯。」

現在，讓我們按下快轉鍵，轉到二十六個月後，也就是二〇一〇年一月四日哈佛另一次到訪西岸。哈佛球員穿著醒目的紅黑球衣，昂然踏進聖克拉拉市（Santa Clara）的西利球場（Healey Arena）。球場裡坐滿了觀眾，四千七百個座位座無虛席，這是聖克拉拉大學第一次門票全賣光的非聯盟賽事。群眾中電力四射。來自台灣的記者和攝影師像個小型軍隊般，橫渡太平洋來看這場球賽。

眾多鏡頭全瞄準一個人：林書豪。到了二〇一〇年，球隊已經宛如脫胎換骨，他也成為隊上的領袖人物。由林書豪率隊的這一球季拿到十勝的速度，是哈佛籃球隊成軍九十九年來最快的一次。阿梅克教練剛招募到的球員，在ESPN全美排名榜上名列前二十五名；他們先是在波士頓學院贏得重要一役，然後在康乃狄克客場獲勝，接著在威廉瑪麗學院（College of William & Mary）、波士頓大學（Boston University），再回到波士頓學院，捷報頻傳，林書豪也火速爆紅。

一開始比賽，三分鐘還不到，林書豪就已經連兩次抄截加兩次助攻。觀眾高聲叫好，球賽開始了……

◆

西岸的這兩場球賽前後相隔只不過二十六個月，可是情況有如天壤之別。為什麼會這樣？

二〇〇七年的林書豪到底如何蛻變成為二〇一〇年的林書豪？在帕洛奧圖高中，林書豪將還不錯的球隊轉變為精銳部隊。在哈佛，與阿梅克和隊友們一起，他面對的挑戰更大了，要將一支大爛隊轉化成好球隊。

故事其實要從二〇〇六年秋天林書豪剛到哈佛時談起。雖然根據NCAA的規定，校隊在十月中旬之前不可以進行正規訓練，但每個已參加緋紅隊或想參加的人，私下都會聚在一起打球。

對林書豪來說，在哈佛打籃球與他之前所面對的情形很不一樣。蘇利文教練是哈佛隊史上在任最久的教練，不令人意外地也締造勝場最多的紀錄（一百七十八勝），但他輸掉的場數更多（確切說是二百四十五場），而且在聯盟內從來沒有一個贏多輸少的球季。事實上，在蘇利文當總教練的十六年間，哈佛從未登上長春藤聯盟冠軍寶座，最佳戰績只是第二名，而賓州大學和普林斯頓不停地輪流奪冠。

比較一下更顯出其中的巨大反差：過去三個球季，林書豪和維京人隊的戰績是八十八勝七敗，主場從未輸過。哈佛呢，則是三十勝五十一敗，每次主場比賽，古老的拉維提體育館觀眾席上看不到幾個哈佛學生。哈佛人喜歡的運動是美式足球和冰上曲棍球，而非籃球。最終，一如林書豪參加過的每一支球隊，他協助哈佛校隊向上提升。但這需要一點時間，而且情況轉好之前還先會變壞。

每個成長中的運動員都會碰到的挑戰，就是會不斷受到「推擠」：每當轉到更高年齡層時，都會從頂級選手變回後段班，從頭開始。哈佛的新球員全部需要做體能測試，然後針對每個球員的情況量身設計一套舉重訓練計畫。緋紅隊的耐力訓練員對林書豪說，他是他「歷來看過哈佛籃球員中體能最差的一個」。助理教練雷迪斯（Lamar Reddicks）經常嘴邊掛著一支棒棒糖在訓練室巡來巡去，嘲笑林書豪有多孱弱。其實林書豪大可動怒反擊，但他只是將之記在心裡。他開始努力舉重。

二〇〇六到〇七年球季帶來一連串的沮喪時刻，偶爾夾雜著光明亮點。自從高中一年級加入帕洛奧圖校隊打季後賽以來，林書豪首次成為板凳球員。而自從小時候的舒特教練逼迫他打控球後衛以來，林書豪首次改打得分後衛。他也需要和其他人競爭上場時間。平常練習時，他永遠是最早出現在體育館、也是最晚離開的人。他努力改進體能，拚命練習跳投。他還未成為先發球員，但通常是第一個被叫起來上場的板凳球員。

大學的第一場比賽在十一月十三日舉行，對手是緬因大學（Maine University），林書豪很意外地上場打了二十五分鐘。由於還不習慣大學球員的速度和體格，上半場他就發生三次失誤。根據蘇利文教練的回憶，林書豪在半場休息時覺得「很困擾」，認為自己害了球隊。但他同時拿下六籃板、四抄截；而他身為哈佛校隊拿到的第一分，是時間剩下五分鐘不到，他們以六十比六十一落後一分的時候，其時進攻時間已經快到，林書豪閃過對方防守，飛到籃框旁上籃得分。

最終哈佛贏了這場比賽，蘇利文和其他教練人員看到林書豪的一些寶貴特質：他的四次抄截全都是在對方傳球時攔下來的。他對比賽有一種直覺式的了解，具備縱覽全場的視野，也有料敵機先的能力，往往預感到球的流動。

他的下一場優質表現是兩星期後和新罕布夏大學（University of New Hampshire）的對壘。就在下半場快結束時，林書豪投進一記關鍵三分球，又將球餵給大四生科斯沃恩（Brian Cusworth），在正規時間結束前投進追平分。延長賽裡，哈佛隊長葛菲度（Jim Goffredo）投進三分球，比數追到八十一平手後，時間只剩下一分鐘；對方發球進場時，林書豪將球抄走，直衝到籃下，扭腰反手上籃，拿到致勝的兩分。

然而在那一年其餘的賽事中，林書豪就沒有太多上場機會，也沒有太多值得回味的光榮時刻。偶爾他表現得讓人眼睛為之一亮，像一次封蓋了聖心大學（Sacred Heart University）二一〇公分中鋒波特（Liam Potter）的投射，或是對達特茅斯學院（Dartmouth College）獨拿十二分的出色表現，但接著又是一串無關緊要或徒勞無功的比賽。二〇〇七年一月二十六日對耶魯，他拿了十分、四助攻，二月十六日對布朗大學上場十分鐘卻只投進一球。一星期後對賓州大學得到十二分，翌日晚上對普林斯頓一分未得。三月三日球季最後一場比賽，林書豪表現不錯，對哥倫比亞大學獅子隊在二十五分鐘內得到十分，包括一次讓觀眾大聲歡呼的交叉運球、突然後退躍起跳投的三分球，就像一年前對聖母高中投進的那一球。不過，這場球賽他們輸了。

這一年，他們總計十二勝十六敗。根據《哈佛緋紅報》（*Harvard Crimson*）的報導，蘇利文教練只要想到下一年可以讓侯斯曼（Drew Housman）打先發控球後衛、以林書豪為先發得分後衛，口水都流出來了。但他不會有那樣的機會。

二〇〇七年三月五日，蘇利文接任「美東聯盟」（America East Conference）的管理職務，哈佛則著手尋找新教練，希望邁向勝利。由哈佛行政主管和具影響力校友組成的委員會引進三位教練人選，請他們來哈佛面談，包括和一、二年級同學會面。其中一位人選是剛剛被密西根大學辭退的阿梅克，他在四月六日大清早和球員們會晤。

「阿梅克教練和我們見面的那一次真是難以置信，」林書豪於二〇一〇年接受ＥＳＰＮ訪問時說，「我們一拍即合。差不多每個人都說：『我們要把他找來。』」

有些相似之處是滿明顯的。和林書豪一樣，阿梅克也需要打破膚色的障礙，最後他成為哈佛史上三十二位籃球教練中唯一的一位非裔美國人。他也是個很有原則的人。在密西根發生的爭論，是阿梅克幫他們重建受到醜聞衝擊的球隊，但因為「太有原則」了，（十分諷刺地）被認為不適合在大學籃球這個如割喉般的世界當教練。「如果原因真是那樣，」他在接受哈佛聘請的記者會上說，「那麼我一週的每一天都願意接受這種後果，週日可以接受兩次。」而他也和林書豪一樣不害怕挑戰。這些挑戰包括招募他想要的高中球員時，雖然他可以說他代表的是全球最著名的學府之一，可是他只能簽下符合長春藤嚴格學業要求的球員；更要命的是，他的任務是打造球隊，卻沒半點獎學金可用來吸引第一流的球員。哈佛提供的貸款條件還滿慷慨的，而且每年還愈來愈慷慨，這當然有點幫助，但絕大部分頂級球員要求的是全額獎學金，包括學費、食宿費、零用金或更多。

阿梅克是個英俊、年方四十一歲的非裔美國人，以喜愛穿套頭毛衣和特別的飲食習慣著稱。大學時代他在著名的杜克大學打球，後來回到杜克，在傳奇教練薛塞斯基（Mike Krzyzewski）手下當助理教練，九年後去了西藤山大學（Seton Hall University）、密西根大學當總教練，累計戰績一百七十七勝一百三十八敗。但他一直無法將密西根帶進季後賽，因此就被解雇了。他充滿活力、企圖心旺盛又能言善道，是個感染力極強的夢想家。

這正是林書豪所需要的。他需要一個比林書豪更相信林書豪的人。後來，就算林書豪的大學籃球生涯已經展翅高飛，他還是需要別人說服他：他的確有可能一圓兒時夢想，進入NBA打球。阿梅克正是這個有說服力的人。

同時，有一件事也是很清楚的：林書豪或阿梅克都無法容忍一個平庸的球隊。那樣他們會很不高興。於是阿梅克向他手下的球員喊話：「你想參與創造歷史嗎？」

◆

林書豪的大一新鮮人球季結束時，他變成健身房裡的健身狂。周圍都是比他強壯太多的大學生，每個人快速發育中，這讓他明白他必須多增加一點肌肉。因此二〇〇七年暑假回到帕洛奧圖後，他跑去問戴本布魯克教練能不能幫他進行體能訓練。

「現在？」戴本教練反問，「那三年我每天都杵在這裡，而你現在才要我訓練你的體能？」

「是呀，」林書豪說，「因為我現在才明白我有這個需要。」

整個暑假，林書豪和哥哥、弟弟、戴本教練及教會靈修營（他在那裡當輔導員）的朋友一有機會就打球。回到哈佛後，他繼續找人打球，直到十月中旬正式訓練開始。隨著天氣轉涼，哈佛園的榆樹和橡樹樹葉顏色開始轉變，林書豪和侯斯曼也積極準備成為後場先發球員。他們努力弄懂阿梅克引進的新戰術。

事後證明，阿梅克教練帶來的巨大能量和新打法是十分成功的。但他首先提出來的概念是「蛻變期」。他上哈佛這條船上得有點晚，來不及為二〇〇七到〇八球季去尋找他想要的球員了，而且他還需要改變整支球隊的心態和打法，自己也要習慣在長春藤當教練會碰到的一些奇怪狀況。

由於長春藤自視甚高，他們將運動比賽的重要性壓低，而且對這做法引以為榮。學校不提供體育獎學金，學業的入學高標準將大部分運動員摒諸門外。還有，長春藤聯盟的賽事只能在星期五晚上和星期六舉行，以免影響到球員們的功課。哈佛體育部副主任史佛波達（Kurt Svoboda）參與籃球隊的諸多運作，他就說：「很多人難以想像，單單因為比賽行程，在長春藤打籃球是多麼辛苦。」

一個典型的週末是這樣的，星期五下午球員們下課後登上巴士，往南開三小時到哥倫比亞大學打一場球賽，通常晚上十點半才結束，拖著疲憊的身軀再度鑽進巴士裡，凌晨三點開到紐約州的綺色佳，住進旅館，第二天清早爬起來吃早餐，伸展、暖身，再和康乃爾大學打一場比賽。這種壓力是長春藤的教練和運動員們獨有的。

不過，阿梅克要打的戰術很適合林書豪的打法。阿梅克本身就是控球後衛，當年他的助攻總數破了杜克大學原先的紀錄，曾獲選「全美年度最佳防守球員」。他要的是靠著強硬的半場防守，製造攻防互換的機會，接著快速進攻。他要籃球不停流動。

回到十一月九日，林書豪對史丹佛那場首次先發卻乏善可陳的比賽打完之後，接下來兩場賽事（同樣在楓樹體育館）卻表現得十分優異。第二天對聖巴巴拉大學，林書豪將功贖罪，拿到進大學以來最高的十五分，包括三分球投六進三得九分。緊接著第三天，他的得分再度攀到生涯新高的十七分，外加五次助攻，以九十比六十的比數大勝西北州立大學（Northwestern State University）。接下來的連續三場比賽中，十一月十六日在哈佛主場對上梅瑟大學（Mercer University），林書豪拿下二十三分的新高，加上九助攻、九籃板，也被列入長春藤榮譽榜。

十二月一日，阿梅克先前帶領的密西根大學狼獾隊（Wolverines）殺到哈佛來，拉維提體育館可謂座無虛席。密西根是聯盟「十大」的強隊，他們的球員比哈佛更高壯、速度更快，大概也假定哈佛會棄械投降，讓他們輕易得勝。可是後來的結果大相逕庭。雖然林書豪這一場的紀錄不太耀眼（九分、六籃板和五助攻），但他是突破狼獾隊員的包抄區域連防的關鍵人物，特別是他的得分和助攻都發生在關鍵時刻。緋紅隊原先已經以嚇死人的三十七比二十六領先密西根，但是狼獾隊大力反攻連拿十一分，於下半場剩下十二分鐘時將分數扳平。

過不久，比數成為四十五對四十二，哈佛落後，此時林書豪長傳給麥吉立（Dan McGeary）投進一個三分球；下一次持球時，林書豪在五公尺外躍起後仰投進兩分，奪回領先優勢。最後的幾分鐘裡，兩千哈佛球迷大聲叫喊：「湯米在我們家！湯米在我們家！」湯米指的是教練湯米・阿梅克。接著緋紅隊以一波十一比零的攻勢結束比賽。球迷蜂擁衝到球場上，《哈佛緋紅報》宣稱這是「哈佛籃球史上最重大的一場勝利」。

◆

這個球季的其餘賽事沒什麼可以大肆慶祝的。贏了密西根之後，哈佛的戰績是四勝四敗，接下來卻連七敗。林書豪的表現倒是滿不錯的，對長島大學（Long Island University）拿下十七分，對佛蒙特大學（University of Vermont）得十八分，對加州大學爾灣分校（UC-Irvine）是二十分、十三個籃板，可是無論對方強弱如何，哈佛還是輸了。接著開始長春藤聯盟內的賽事，他們仗著主場優勢，先後打贏了達特茅斯學院和科爾蓋特大學（Colgate University），但是立刻又來一次七連敗。

剩下的球季中，他們只贏過兩次，就是二月二十二、二十三日對賓州和普林斯頓的主場賽事。比賽只剩下兩分多鐘時，其實普林斯頓還領先八分，阿梅克教練下令全場壓迫防守，哈佛的長人也開始拚命搶進攻籃板，再將球放進籃框得分。一年級前鋒費茲傑羅（Kyle Fitzgerald）成功封蓋了普林斯頓一記射球後，林書豪帶球衝到對方籃下，上籃得分，兩隊打成平手，時間只餘下九點一秒。進入延長賽之後，有觀眾在背後相挺，林書豪和隊友們手感甚好，終於以七十四比六十七獲勝。

林書豪從普林斯頓手中拿到二十分，第二天對賓州則拿下二十一分、六籃板、四助攻和三次抄截。這還是自一九八七年以來，哈佛第一次連續戰勝普林斯頓和賓州這兩所長春藤霸主。林書豪贏得哈佛該球季的最有價值球員殊榮，也被選進長春藤聯盟第二隊，而他的紀錄，平均每場十二點六分、一百零七次助攻是聯盟的頂級表現，五十八次抄截更是全聯盟最高。

◆

升上大三之後，林書豪繼續創造傳奇。前一球季，哈佛籃球隊的戰績是可憐的八勝二十二敗，但現在他們逐漸恢復，準備好往前大步躍進了。

故事直到這裡，林書豪基本上還只是當地的一個小小祕密。哈佛學生和教職員漸漸聽說他們的天才後衛。舊金山灣區及麻州劍橋市的亞裔美國人教會知道他，話也傳到其他的亞裔美國人圈子裡，特別是和長春藤相關者；可是，林書豪在全美的雷達網上還沒發出聲音、引起注意。這點在他大三這一年即將改變。

還不只是因為二〇〇八年十一月二十五日他對聖十字學院（College of the Holy Cross）拿到的三十分、四日後對陸軍軍官學校的二十四分，也不是十二月四日對科爾蓋特大學拿到的二十六分，而是二〇〇九年一月七日對波士頓學院的非凡演出。

剛在三天前，波士頓學院打敗了全美排名第一的北卡羅萊納大學。這場勝利成了全美大新聞，因為那是北卡這個球季第一次輸球，而之前北卡平均每場贏對手二十分。波士頓雄鷹和北卡同屬著名的大西洋海岸聯盟（Atlantic Coast Conference），其時波士頓已連贏十場，總計十三勝三敗，全美排名十七。哈佛上次和他們對戰的結果是大輸四十多分。

一開始兩隊都打不好，上半場剩九分鐘時比數才十七比十一，哈佛落後。可是哈佛先是投進一個三分球，接著連投帶罰得三分。林書豪餵了一球給隊長普沙（Andrew Pusar）上籃得分，然後自己又快攻得分。之後哈佛就未落後過，半場時領先六分，下半場繼續進攻。林書豪從全美最佳後衛之一萊斯（Tyrese Rice）手裡將球搶走，飛奔上籃得分。侯斯曼也上籃得分，普沙更錦上添花，然後林書豪再進一個三分球，比數是哈佛以四十二比三十一領先。

波士頓學院康提論壇球場（Conte Forum）三千一百七十四名觀眾震驚不已。雄鷹隊勉力將分數追到只差六分，但林書豪再次三分長射，並開啟了一波十七比七的攻勢。面對波士頓學院曾經封鎖北卡的強力防守，哈佛竟在下半場打出讓人震驚的二十三投十四進，最後比分是八十二對七十。這是哈佛十一年來首次打敗波士頓學院，更是哈佛隊史上首次打敗登上全美排名的隊伍（一般只排出全美最強的二十五隊）。林書豪將對方的明星後衛壓制住，讓他上場三十六分鐘只得到區區三分，林書豪自己則投十六進十一，拿到二十七分，另外有八助攻、六次抄截（大學生涯新高）和兩記火鍋。

這次他可大大引起全美各界的注目了。「他就是有本領製造難忘的時刻，」副主任史佛波達說，「情勢低迷時，他是你會想賦予重任的人。他是愈到關鍵愈能表現的球員。」

台灣媒體也開始注意到他。他在亞裔美國人圈子中的人氣急速上升。也是在這個時候，我開始聽到關於他的傳聞。當時我在哈佛大學藝術與科學研究所攻讀博士學位，悶著頭做論文研究，不知世事，然而對波士頓學院一役帶來的轟動，足以將我小小世界周圍的殼打破，我不停聽到有人在問：「這個亞裔奇葩有可能超越一級大學籃球隊嗎？他有可能進NBA嗎？」

阿梅克相信他能做到。但從小到大林書豪總被告知，他無法靠打籃球討生活。假使結果是有可能呢？如果他能成為職業籃球員，而且不只是加入那些平平庸庸的海外聯盟，而是在美國呢？史佛波達認為，前任教練蘇利文和他的助理們看出林書豪的籃球潛能居功至偉，而阿梅克為林書豪加持、注入信心，又是另一重要功臣。

「阿梅克教練愈是對他說『你有機會，你是厲害的主控球員』，林書豪的自信就愈高。教練在三年間把這個有希望的球員帶起來、加以塑造，讓他變成一個很有自信的球員。」

◆

踏入新一年的一、二月，林書豪繼續有明星級的表現。二〇〇九年一月底對普林斯頓，他在下半場連拿十四分；對布朗大學也在下半場拿下二十二分，而且時間終了時，林書豪投進致勝的一分罰球。二月二十一日，他們到了素有「大學籃球殿堂」之稱的賓州大學體育館（Palestra）。這場比賽的最後三十五秒，林書豪硬是拿到七分，哈佛以六十六比六十獲勝。兩天後，《今日美國報》的契納爾（Reid Churner）將林書豪列為「應該獲得更多全美電視曝光的前五名籃球員」。

球季最後一場比賽，哈佛以六十九比五十九分贏了耶魯，而這是哈佛十年來首次在耶魯客場獲勝！最終，球季總成績為十四勝十四敗；相較於前一年，這已是很戲劇化的大躍進，林書豪更是各種殊榮加身：他被選為長春藤聯盟年度第一隊最佳球員，平均每場得到十七點七分名列全聯盟第三名、四點三次助攻是第二名、二點四次抄截高居第一，五點五個籃板名列第九。

雖然哈佛只能算美國大學第一級球隊的後段班，可是林書豪慢慢闖出名號來了。他的練球態度，從任何角度來看，都是很不簡單的。他持續研究戰術，持續提升體能，持續不斷地進步。而且，更出色的表現還在後面呢。

◆

林書豪大四球季的一開始就碰到好些重要比賽。二〇〇九年十一月十三日對聖十字的比賽他拿下二十四分，其中二十一分是在下半場投進的，率領哈佛以八十七比七十七獲勝。

兩天後，哈佛在主場迎接同樣是美國歷史最悠久的學府之一，威廉瑪麗學院。不過，這場比賽的重點已不是林書豪得到的十九分、九籃板，這樣的數字對這階段的林書豪來說已不算太特別了，重要的是他拿到這些分數的經過。

威廉瑪麗學院由二年級後衛兼前鋒麥當沃爾（Quinn McDowell）帶領，是一支驍勇善戰的球隊，上半場落後八分但仍努力反撲，到球賽尾聲還是拒絕就此消沉。正規時間只剩下二十九秒，威廉瑪麗的四年級前鋒森納（Danny Sumner）投進一個特大號三分球，將比分追平，讓比賽進入延長賽。加時結束前剩下三十一秒、但進攻時間只餘下一秒時，森納再次嘗試投三分球卻被犯規，於是可以投三次罰球，而他三球都投進了，球賽進入二次加時。第二次加時剩下五十秒時，麥當沃爾得分，比分成為七十七對七十四，威廉瑪麗領先。這時，輪到林書豪投三分球時被犯規，而他也三個罰球都投進了。

於是兩隊進入戲劇化的第三次延長賽，而情況看起來不太妙。剩下十一秒鐘，哈佛只領先一分，但連續兩個罰球都沒罰進，失去了擴大領先優勢的大好機會。威廉瑪麗發球進場給麥柯迪（Sean McCurdy），麥柯迪衝到前場上籃得分，時間只剩下四秒了。哈佛將球交到林書豪手上，他跑到球場右邊，從中場附近一邊跑、一邊用力丟出一個不抱希望的超大號三分球。雖然他被對方兩個球員撲到，可以站上罰球線，但是他的三分球居然穿過籃框，哈佛已然以八十七比八十五贏了這場三度加時的比賽。「哈佛贏了！哈佛贏了！難以置信！」收音機傳出這場比賽播報員維藍尼（Chris Villani）的尖聲大叫。

ESPN電視台報導了這場比賽的結果，林書豪最後一秒的絕殺球成了當天的精彩好球，全美國都看得到。賽後，林書豪頸上掛著毛巾，臉上也掛著傻傻的笑容接受採訪，他說：「那是一個禱告，是神將球引導到籃框裡。」

到了十一月底，哈佛戰績四勝一敗，接下來面對波士頓大學，是一支哈佛三十四年來沒贏過的球隊。果然波士頓大學一波十三投九進的攻勢讓哈佛落後，以五十四比四十五領先。但林書豪下半場投進十六分，其中十二分是在終場前四分鐘內連續投進（包括一次強力灌籃），加上哈佛控球後衛麥拉利（Oliver McNally）貢獻六分，他們以一波十八比六的攻勢終結比賽，終場以七十八比七十獲勝。

從萊斯大學手中輕易取得一勝後，六勝一敗是哈佛二十五年來最好的開季戰績，可是接著他們要面對康乃狄克大學愛斯基摩犬隊（University of Connecticut Huskies）這支強隊，哈佛大大不被看好。這時，愛斯基摩犬隊是全美排名前十五，之前與聯盟以外的東北部大學進行了一百零六場比賽，他們可是贏了一百零五場。不久前康乃狄克與波士頓大學的一場比賽，贏了差不多三十分。

開始的十六分鐘林書豪一分未得，雖然他還是遞出三次助攻，然後才在全美ESPN電視觀眾面前接二連三強攻得手，二十四分鐘內得了三十分，以投十八中十一球的高命中率將比分維持接近，直到決勝階段。最後兩分鐘，哈佛發生失誤，康乃狄克強力前鋒戴森（Jerome Dyson）持球衝上去正要灌籃，林書豪卻在籃框前一躍而起將球拍掉。最後幾次持球，林書豪有一次轉身、扭腰上籃得分，然後在三分線弧頂處投進一球，再來一記讓全場觀眾震驚的雙手灌籃，另外還後仰跳投得分，可是這樣還不夠。

最後的比分是七十九對七十三，但比賽後，康乃狄克的名教練卡洪（Jim Calhoun）對林書豪讚不絕口，「他真是個優秀球員，十分、十分優秀」，而且是很久以來在康乃狄克的甘普爾體育館（Gampel Pavilion）出現過比較厲害的狠角色。事實上，卡洪說：「我想不出有哪一個校隊是林書豪不能去打的。」

接著在下一場比賽，林書豪又拿下二十五分，重現去年打垮波士頓學院的畫面。一開賽他六投六中，從康乃狄克那場球賽算下來他已經二十投十七中了。但以十一比四領先之後，哈佛的射手們全冷下來，波士頓學院反倒以二十四比十五超前。不過，下半場林書豪拿到十六分，足夠讓哈佛在波士頓學院康堤論壇球場四千一百三十六名主場觀眾前凱旋而去。

又一次，林書豪再不是沒沒無聞了，經過康乃狄克和波士頓學院兩場球賽，哈佛體育部門列出林書豪獲得的全部稱譽。ESPN的選秀分析專家凱茲（Andy Katz）稱林書豪為「全美頂尖控球後衛之一」，而且「很可能是最鮮為人知的祕密」。球評比拉斯（Jay Bilas）則說：「林書豪有能力在任何地方、任何聯盟打球。」《哈特福日報》（*Harfford Courant*）的安東尼（Mike Anthony）也稱他是個「讓人驚豔的後衛」，而ESPN球評法拉斯契拉（Fran Fraschilla）還拿他與NBA明星控衛納許（Steve Nash）相提並論。專欄作家麥格利奧拉（Glen Megliola）寫說：「林書豪在球場上的視野無人能比。」另一位ESPN的籃球分析專家高利葉（Doug Gottlieb）說：「如果你想替新冒出頭的大學球員加油打氣，請注意說話輕聲細語、打球不自私的林書豪，你絕對不會失望。」

林書豪在季初連續對決威廉瑪麗學院、波士頓大學、康乃狄克大學和波士頓學院之後，在美國及海外的聲望不斷升溫，因此哈佛於二〇一〇年一月四日到聖克拉拉西利球場比賽時才會全場爆滿，而且台灣和中國大陸的媒體均聞風而至。

隨著球季進行，林書豪在眾多NBA球探面前打球，但他依然專注於團隊表現。那一年，林書豪的精神導師艾德安．譚記得他是一個真正的「團隊領袖」。他指出：「他大可在球探面前拚命表現，但他更在意的是協助哈佛成為獲勝球隊。對他來說比較重要的是球隊贏球，而不是他自己獨拿高分。」這是他打從高中時代就有的動力：打球，用應有的態度來打球，一切為的是反映內心深層的道德和宗教承諾，然後相信神將會處理結果的部分。

林書豪畢業前的球季，哈佛的總成績是二十一勝八敗，六十年來首次有機會打季後賽，打的是「大學內線網站錦標賽」（CollegeInsider.com Tournament）。他們第一輪就出局，然而在阿梅克和林書豪奠定的基礎上，哈佛緋紅隊在全美排行榜上繼續步步高升。

還有，林書豪後來名列「巴布．庫西獎」（Bob Cousy Award）最後十一名人選之一，這是頒發給年度最佳控球後衛的獎項。此外，他還入選了「約翰．伍登獎」（John R. Wooden

Award）最後二十人名單，這是更高的榮譽了，頒給年度最佳球員。他獲得《體育新聞》（*Sporting News*）雜誌及長春藤聯盟教練們投票選進年度聯盟最佳球員第一隊，而「大學內線網站」選他為長春藤聯盟的MVP。他是這個聯盟有史以來第一個得分超過一千四百五十分（他得到一四八三分）、四百五十個籃板（四八七）、四百次助攻（四〇六）以及二百次抄截（二二五）的球員。

這是他大學籃球生涯的輝煌頂峰，而他對哈佛籃球隊帶來的衝擊，至今依然浩瀚深遠。

就在林書豪大四球季旗開得勝的那段期間，我與他接觸，希望和他做個訪談。二〇一〇年二月二十四日我們預定見面的那一天，天空烏雲密布且下著雨。林書豪住的宿舍「勒弗瑞特學舍」包括一棟雄偉的磚造建築和一棟較不起眼的水泥建築，讓我不是很確定應該在哪裡和他會合。沒想到林書豪逕自跑到雨中來找我，他身穿一件緋紅色的連帽運動衫，帶我進到他的宿舍房間坐定。我記得第一眼看到他時，有點驚訝於他的宏偉身形，而更讓我印象深刻的是他的謙虛及不矯揉造作。

那一次我是替「Patheos.com」宗教網站做採訪，當時我們用最有效的預算提供高水準的內容，所以我用一部價值一百五十美元（約合台幣四千五百元）的廉價手提錄影機將訪談錄下來，可是林書豪絲毫不以為忤，沒有覺得我的低預算採訪方式配不上他。我在史丹佛念大學時認識了「老虎」伍茲，大一那年他和我住同一宿舍。當時我很喜歡他，現在還是一樣，但他永遠好像比我們多懂很多祕密。他知道什麼時候只要彈一下手指頭、離開學校轉當職業選手，就可以靠贊助和比賽獎金賺進千百萬美元。林書豪則單純只是很高興、很意外能夠擁有這樣的機會，而對於別人對他有興趣、想要多了解他，他真的覺得十分訝異。似乎他不覺得和任何人互動可能會浪費他的時間。

我們見面之前，林書豪已經讀過關於我的故事，知道我在一次體操意外中頸部骨折，而從那次經歷當中，我尋找到更深刻廣闊的信仰生活。我們聊到作為基督徒運動員代表了什麼；我們如何在艱困中忍受一切並找到其中的意義；運動員生涯及精神生活又如何可以和諧地融合在一起，使得運動可以為信仰做很好的引導，並將一切交給神。

訪談快結束時，我們提到種族議題。對於獲得這麼多亞裔美國人的支持，他的感想如何？他說覺得「很震撼」，而且十分感激，但他也逐漸覺得無法為別人打球了，無論他們的膚色為何。他說的是大三那年媒體開始注意他，「我好像只是為了討好每一個人而必須把球打好。」這完全剝奪了打球的樂趣。「事實是，」林書豪說，「我甚至無法為我自己打球。正確的態度是打球既不為別人，也不為我個人，而是為了神。」

我問他，關於他代表了那麼多亞裔美籍男性的熱切盼望時，他給我同樣的答案。「我每天從早到晚努力練球，並不是為了要討好其他人。我的觀眾是神。」這似乎是基督徒運動員的正確心理狀態。他們的觀眾只有祂，所有的訓練、掙扎和競爭，就某種程度來說，全都是為了贏取神的恩典，而不是凡人的稱讚。林書豪很強調討神的喜悅，藉此專注於打球的態度和過程，而不是打球的結果。「結果」非他所能控制，事實上結果握在神的手裡。運動員的任務不是要確定什麼結果，而是要以正確的態度、正確的理由去競爭，也就是為了榮耀神而競爭。

但林書豪也明白當個好榜樣的重要性，有可能神引領他進入這項運動的一部分原因，就是要粉碎各種刻板印象，為受盡排斥、遭人看扁、不獲信任的亞裔美國人撫平傷痛。從小到大，林書豪在電視上看到的亞洲人若不是充滿異國情調的功夫高手，就是不男不女的電腦怪咖。因為亞裔身分而遭到忽略或低估的感覺，林書豪最清楚不過了。他更明白，種族偏見最險惡的一面，就是我們會讓它不知不覺地滲入自我認知的層面，最後連我們都會假定自己確實有這些缺陷和侷限。

林書豪還是哈佛新鮮人時，來看他打球的亞裔美國人只不過三三兩兩，主要是他教會裡的朋友。但到了我在他宿舍房間進行訪談時，來哈佛看他比賽的亞裔粉絲已可謂人潮洶湧，甚至來自美國各地和美國以外的各種亞裔人士。很顯然，這些粉絲們在他的成就中看到一些值得仿效的價值，也大受鼓舞，從而讓他們心靈上的創傷以及自卑感獲得治療。

我隱約覺得，林書豪心裡明白這麼多的粉絲為何而來。三不五時他會提到，他的籃球生涯如何可能具有那種效應。和金州勇士隊簽約後不久，他在台北記者會上就說過：「我了解NBA沒幾個亞洲人，NBA甚至沒幾個長春藤的球員。也許我有助於打破這個刻板印象。」

如是，當我繼續追問他，如果真的能夠打破「亞裔美國人沒有運動細胞」的偏見是否會很高興時，他亮出一個大大的笑容。他不能為了粉碎偏見而打球，但我想，他希望自己的球技可以粉碎這些曾經折磨他多年的刻板偏見。

「我會很高興，」他說，「毫無疑問，我會很高興。」

任務達成了。

Game 6

多倫多暴龍隊

當球在半空中時要有信心

比賽最後一刻的英雄式三分球，彷彿映照出林書豪大學招生遭棄和NBA落選的前路；只要一切還在半空中，你能做的只有準備好，要有信心。

與多倫多暴龍隊比賽那天，尼克球團宣布要出售林書豪對湖人隊勇奪三十八分那場比賽所穿的球衣，所得捐做慈善。後來是住在紐約上西城一位律師太太以四萬多美元購得，但她志不在球衣本身，而是可以有機會和林書豪見面。

說來這樁買賣也很諷刺。不久之前，麥迪遜廣場花園的保全人員還以為林書豪是球隊的物理治療師，現在他卻成了紐約市最有名的運動員之一，有人很樂意花成千上萬的金錢和他見個面，或穿他穿過的球衣。

其他人顯然也想要一件林書豪的球衣，「林來瘋」熱潮未有稍減跡象。從二月四日到十二日，林書豪的球衣成了NBA網路商店最暢銷的商品，銷售到全球二十二個國家。「林書豪」也是中國入口網站「百度」最多人搜尋的字眼，新浪網上的粉絲更從十九萬人不斷增加，到了二月十四日對多倫多這場比賽時，已經增加到將近一百萬人。

暴龍隊也要因為「林來瘋」為本季帶來第三次滿座而感謝他。就如暴龍隊首席營運長所報告的，過去幾天就賣出了幾千張門票。多倫多八分之一左右的人口是華裔，另外八分之一是南亞裔。那晚簡直可說是加拿大航空中心（Air Canada Centre）的「亞洲文化之夜」，出席的眾多華裔人士有幾位接受了《今日美國報》的封面故事採訪。問及薩謬・李（Samuel Li，音譯）喜歡林書豪哪一點時，他說：「我們是姚明的粉絲，但姚明有二一〇公分高，而且來自中國。林書豪則和我體型差不多，也是在美國長大，我們能認同他。」達倫・劉（Darren Liu，音譯）則說：「我們聽過的所有刻板印象，他也都聽過。」

和灰狼隊比賽結束之後，尼克隊總算有了一天多的空檔，能夠在比賽之間喘口氣，於是林書豪到紐約州克林頓村（Clinton）和父母會合，看弟弟林書偉比賽。林書偉是NCAA第三級的漢彌頓學院（Hamilton College）籃球隊員，那天是該季最後一場比賽。如潮般的球迷湧進漢彌頓學院的體育館，不僅是要看漢彌頓打敗貝茲學院（Bates College），更為了一睹觀眾席上的林書豪風采。

尼克隊來到加拿大航空中心比賽，希望能將連勝紀錄推進到六場。多倫多暴龍隊損失了能與尼克隊匹敵的兩名大將，但林書豪引起的轟動（他才剛獲選為前一週的東區聯盟最有價值球員）也使得林書豪和尼克隊樹大招風。多倫多暴龍隊的球員，如控球後衛卡德隆（Jose Calderon），才剛在對陣湖人隊的比賽拿到耀眼成績，十八投十三中，拿了三十分；面對驟然崛起的林書豪，他不免渴望建立老大哥的威信。紐約這邊也一樣，正在歡迎缺陣四場的史陶德邁爾歸隊，現在就要看林書豪會怎樣和尼克隊的球星一起打球了。

這場比賽一開始，林書豪都在盡力協助其他隊友得分，尤其是史陶德邁爾。上半場第一節比賽中，他助攻四次，尼克隊卻頻頻投球不進又失誤。等到落後九分時，林書豪兩度故意放慢速度，讓防守他的球員慢下來，接著突然進攻至籃下，兩次帶球上籃得到四分。反觀暴龍隊的西班牙人後衛卡德隆則拿下十二分，並有兩次助攻。

林書豪下場休息時，尼克隊落後六分。但是第二節開始的情況更糟，林書豪三度失誤，而且三度都是控球失誤。尼克隊更為落後了。暴龍隊士氣如虹，投球命中率達百分之六十。第三節打到兩分十三秒時，雙方差距是十七分，這時雖有暴龍隊身高二〇〇公分的克雷薩（Linus Kleiza）擋在身前，林書豪仍然投進一個三分球。這一節打完時，尼克隊的三個罰球使得差距拉近到十一分。

尼克隊在第三節表現得很積極，林書豪投入遠距兩分球並有三次助攻，加上錢德勒和史陶德邁爾七手八腳拿下的得分。然而暴龍隊不停反擊，尤其是卡德隆，下半場一開始的六分鐘內就獨拿八分。林書豪兩次罰球得分，跳投一次成功，並傳球給傑佛瑞斯，然後以十五分和十次助攻開始了第四節。

尼克隊仍然有九分差距要追上。要大幅彌補這差距，就得要阻斷暴龍隊的進攻。

在這波七連勝中，林書豪的防守遠不如他的進攻受到注意，其實在林書豪進入ＮＢＡ之前，幾位教練如舒特、戴本布洛克、阿梅克等人，都訓練他做個勇猛的防守球員。林書豪在哈佛擁有空前的抄截紀錄，最拿手的是阻斷對手的傳球路線。尼克隊在第四節比賽裡就迫使暴龍隊失誤九次。林書豪協同尚波特（尚波特在這一節有四次精彩的抄截）、錢德勒（這一節有二阻攻、四籃板）、史陶德邁爾（最後八分鐘裡抓到五個籃板），步步逼進，結果原本在第三節得了二十八分的暴龍隊，到了第四節只得十二分。

要在第四節讓一支球隊只拿十二分已經很具挑戰，要讓主場球隊在第四節只拿十二分簡直就是奇蹟。從比賽計時器上的十一分零四秒到六分十二秒之間，多倫多暴龍隊沒有得過一分，而到了終場前四分鐘內，也只勉強拿到一分。

然而尼克隊非常需要得分，以便追上差距。尼克隊搶到球的時候，主場觀眾頻頻高呼「防守！防守！」，然而進入第四節的前幾分鐘，林書豪帶球上籃時，他們也報以掌聲。他的第十一次助攻是漂亮的背後傳球給史陶德邁爾灌籃成功，使得暴龍隊領先的分數縮小到四分，雙方七十四比七十八。終場前剩下不到三分鐘的時候，尼克隊仍落後六分。林書豪把球帶到前場後切入，讓外線區域無人防守，然後把球傳出去給尚波特，再傳給三分球線弧頂處的史陶德邁爾，史陶德邁爾跳投得分。暴龍隊在最後幾分鐘只拿到唯一的一分，剩下九十秒時，雙方差距是五分，八十二比八十七。

尚波特在中場線附近搶走卡德隆的球，繞過後衛成功扣籃。尼克隊此時仍居下風，八十四比八十七。暴龍隊把球帶回來，但錢德勒攔下一次投籃，林書豪把球帶到場中，暴龍隊回復防守。林書豪傳球給尚波特，尚波特又傳回給他。計時器只剩下六十八秒。林書豪虛晃一招想投三分球，好讓大塊頭克雷薩衝過來到三分線頂端，然後他把球拍到地板上，向前加速（克雷薩轉頭看，彷彿是看著賽車經過一般），衝進禁區裡。

暴龍隊身高二〇二公分的強森（Amir Johnson）在這一節曾經三度封阻史陶德邁爾，這時已經等著林書豪了。林書豪虛晃一招投籃動作，引對方跳起，兩人的相撞力道大到強森飛身跌到界外，林書豪則被撞到往後仰；這時犯規哨聲響起，然而他還是設法平衡身體，投球入籃。一半觀眾發出怨聲，另一半則歡呼，林書豪得到一次三分打，使得雙方打成平手，八十七比八十七。

在球場的另一邊，多倫多的巴布沙（Leandro Barbosa）在進攻時間即將終了時，試圖投一個遠距離三分球未進。林書豪把球帶回尼克隊前場，有機會讓第一節之後便落後的比數首次超前。他發現尚波特有個空擋可以投籃，但球掃過籃框後掉出來。錢德勒抓到進攻籃板，把球交回給林書豪，他在中場附近運著球，讓比賽剩下的時間逐漸跑完。比數依然是八十七平手。

看來大局已定。最後幾秒的時間不斷消逝，球迷全都站了起來，全場異口同聲呼吼著。電視播報員倒數著秒數：「五……四……」

比賽剩下二點二秒時，全場為林書豪沸騰起來；他以一個流暢動作，拿起了手上所運的球，躍身投籃，球出手後千鈞一髮掠過卡德隆的指尖，高飛過半空，在剩下一點五秒之際，飛到頂點。

場內所有視線都盯著那個球，看著它落下……

當一切懸在半空中時，要有信心。這是什麼意思？

二〇一〇年二月底，我和林書豪談話時，他告訴我為什麼要滿懷這樣的感恩心情打籃球。「要是我回顧所有發生過的事情，我很難不信賴神，並知道祂為我安排了最完美的計畫。」他說，他在人生際遇的巧妙中看到了這點，尤其是當事情不在他掌控之內時。他說，籃球讓他學會了謙卑。「我打得愈多，愈體會到打球的結果仰賴我的因素愈少，而且我能掌控的也愈少。」

NBA招募選手的過程就和大學招生過程一樣，完全不在林書豪的掌控之中，而且也沒按他的計畫走。整整四年，林書豪一直是最早到體育館也是最後走的人，他下苦功鍛鍊肌肉、磨練球技，讓比賽技巧成熟。他在燈光打得最明亮的時候做了最佳演出。我們在他的宿舍坐下來談時，他已經打敗了威廉瑪麗學院、波士頓大學和波士頓學院等隊，並在對康乃狄克的比賽中表現優異。長春藤聯盟的比賽持續進行，林書豪承諾要協助球隊打入季後賽。但他也開始和NBA的球隊建立關係，看有哪支球隊可能會想要個哈佛的後衛球員。

球季結束後，林書豪也該轉回去打控球後衛了。在哈佛校隊時，他大多時候擔任得分後衛（使得他獲得提名巴布．庫西獎有點怪），因為緋紅隊那時有其他很強的控衛人選，先有侯斯曼，後有麥拉利和柯利（Brandyn Curry）。然而林書豪若要在NBA發展，打控球後衛要比得分後衛實際得多。打得分後衛的話，他的體型稍嫌矮小了些，但是打控球後衛就略高出一般體型之上，加上他的聰明、領導力、傳球及掌握全場的視野，都能使他成為更有魅力的持球者。於是哈佛的助理教練布雷克尼（Kenny Blakeney）給他連串的體能和技巧訓練，好讓他重返當年在維京人隊打的位置。

四月上旬（八日到十二日），維吉尼亞州普茲茅斯市舉行「普茲茅斯邀請賽」（Portsmouth Invitational Tournament），林書豪的訓練計畫暫延。這場年度選秀賽會邀請全美各地的大四畢業生，在NBA及其他職籃的球探面前打球。這個邀請賽是很特別的盛會，規定參加者得先在大學打過四年校隊才有資格，因此許多走捷徑進入ＮＢＡ的最頂尖新秀反而沒資格。過去多年來，例如著名球星巴利（Rick Barry）、孟洛（Earl Monroe）、史塔克頓（John Stockton）、皮朋（Scottie Pippen）、哈達威（Tim Hardaway）、洛德曼（Dennis Rodman）等球員，都是從普茲茅斯邀請賽冒出頭，從而開展了ＮＢＡ的成功生涯。然而更多參賽者是進入歐洲或其他地方的職籃。

還有一些人則是獲邀直接參加ＮＢＡ選秀會。選秀會有百分之九十的參賽者都會入選ＮＢＡ，但是普茲茅斯邀請賽的參賽者只有很少數會被ＮＢＡ選中；這一年的六十四名優異球員中，只有少數幾人進入ＮＢＡ（普茲茅斯邀請賽網站上列出六名，包括林書豪和費爾茲在內）。二〇一〇年，體育網站「Bleacher Report」說，普茲茅斯邀請賽的絕大部分球員「最多不過是ＮＢＡ的次級新秀」，而且沒有把林書豪列入十名可注意的球員之列。然而對於邊緣球員來說，普茲茅斯邀請賽畢竟提供了另一個一搏ＮＢＡ青睞的機會。

在ＮＢＡ選秀會和普茲茅斯邀請賽中，球員都要經過試訓，測試球技和體能，球探對這一切特別留意查看。這兩處選秀會都有基本運動測驗（Basic Athletic Measurement, BAM），以便比較這兩群新秀。從測驗結果可以清楚看到，林書豪的運動天賦絲毫不輸給選秀會挑出的許多頂尖球員。測試過的佼佼者如現今芝加哥公牛隊的羅斯（Derrick Rose）、克里夫蘭騎士隊的歐文（Kyrie Irving）、華盛頓巫師隊的沃爾等，基本運動測驗顯示：「綜觀而言，和這些運動員比起來，林書豪的測驗成績是很出色的。」事實上，沿著全場長度衝刺四分之三距離時，林書豪的成績最高，速度比沃爾和羅斯要快，更比歐文快得多。沃爾的最高速較快，林書豪則是更具爆發力，初速比其他人都要快。雖然體能未達最高成績，但他的速度和敏捷度都十分出眾。

林書豪在效力過的球隊所做的測試中，不斷在速度和敏捷度拿到最高分。顯然，林書豪並非僅靠他的性格和聰明而成功；如果這樣認為的話，那就落入「亞裔美國人欠缺運動細胞」的窠臼印象了。就算他沒有「雷霸龍」詹姆斯或「魔獸」豪沃德（Dwight Howard）那種顯著的體型優勢，但他在球場上與沃爾和羅斯屬於同一類球員。

普茲茅斯邀請賽和NBA選秀會不同，球員在這裡要進行分組對抗賽。球員為了引起球探注意，免不了會霸著球來炫耀自己的天賦。林書豪就這一點曾經陷入天人交戰；也就是在這時，他根深蒂固的籃球基因告訴他，應該要先把別人放到成功的位置上，只有適當的情況才為自己得分。

這點不單關乎他受訓成為團隊球員，也關乎到他的信念。誠如他父母所教導的，正直比獲勝更重要。身為基督徒籃球員，他深信自己是受到感召而去打球，和別人的優先順序不同。就在去參加普茲茅斯邀請賽之前的一個多月，我們會面時，他對我說過：

社會對於個人數據及輸贏次數如此看重，就某方面來說，你沒辦法控制那些事。但若是為神打球，就要把這些紀錄和統計數字都交給祂，盡自己全力，然後讓神去決定你的輸贏，讓祂去決定你那場球的表現或投籃狀況好不好。所以我只管確定自己很努力，而且是按神的旨意去做。我盡量準備好自己，而且比賽中隨時都盡量順服神，讓祂來運用我。

不管是在普茲茅斯邀請賽、帕中體育館或哈佛拉維提體育館的球探面前打球，林書豪都秉持同樣的態度。他告訴《波士頓先鋒報》，要是他只為統計數字打球的話，他「會投進更多球」。但他是「為球隊打球」，因為「這才是打球的正確方式」。他得要仰望神，深信如果是為了榮耀神，並順從自己的良心去做，神就會照顧最後的結果。

即便如此，林書豪和來自各個NCAA菁英聯盟如大西洋聯盟、東南聯盟及太平洋十大學聯會等的威猛球員比賽時，他和分發到的「泰德華特密封劑隊」（Tidewater Sealants）依然表現得很好。林書豪每場平均得十點三分、六次助攻（並列為第四高）及將近三次的抄截，投籃命中率達百分之六十。有位出席比賽的NBA高層人士告訴《波士頓先鋒報》，林書豪在職籃界「很有前途」，但先鋒報留意到，「他指的是歐洲或中國的職籃」。

我以前也身為菁英運動員，對於林書豪在我們訪談中提到的一點很有同感，那就是在高中四年級的球季一開始，林書豪曾告訴帕洛奧圖維京人隊，應該要以贏得州冠軍為目標，然而他在哈佛自己的宿舍房間裡提起這件事時，他說：「我們會談到要贏得冠軍頭銜，但是在內心深處，其實並沒有全心指望一定會贏，因為整個州只有一支球隊能贏。」他接著指出重點，在拿到州冠軍的過程中，他很感謝神讓他有機會打球、爭奪州冠軍。他已經學到不要把這些機會視為理所當然。

◆

其他的運動員也能體會到這種雙重的意識。從一方面來說，你的確相信自己和你的隊員，你相信你們確實有能力贏得冠軍。然而，在內心深處，或許會認為不大可能。要有信仰的膽量，你才敢相信所有的事情在神都是可能的；你也必須要有運動員的自信，才能相信自己真的有能力做到。但這並不是說運動員是傻瓜，林書豪其實很清楚，勝算之路依然是很漫長的。

這種雙重意識在林書豪生涯的很多關鍵時刻表現出來。他的教練們總是向他保證，他絕對有能力再進一階，而在籃球王國裡每向上踏出一級時，他都必須相信自己。在邀請賽過後，他曾告訴《波士頓先鋒報》：「我想，我得要證明自己的歸屬。」或者就像他所做的總結：「這個週末讓我明白自己有個很好的機會，但我大概不會受到青睞或被選上。不過確實有個機會，而我認為，在這關鍵時期所能要求的就是這個：有個機會。」

普茲茅斯邀請賽過後，林書豪和經紀人蒙哥馬利（Roger Montgomery）簽約，他也是位虔誠基督徒，了解林書豪的優先取捨並據此設想。接著到了訓練營及拜會各個ＮＢＡ球隊的時候了，林書豪和他的學校教授們協調好，遠距指導他尚未完成的課業，而他也沒辦法出席自己的畢業典禮了。在哈佛用功上了四年課，到頭來卻沒機會戴上方帽、穿上長袍，林書豪只能穿著橄欖色連帽運動衫和白色外套，走到距離哈佛校園幾個街區外的花園街註冊組去領畢業證書，走出來時手上拿著裝了畢業證書的緋紅色信封。

蒙哥馬利安排林書豪去和鍾斯（David Jones）待一段時間，鍾斯是位投籃大師，任何球員前往聖安東尼市郊區向他求教，他都樂於指導。鍾斯的投籃準確度非常出眾，而林書豪的三分球向來不穩（似乎只有出賽時例外）。他持球太過偏向右邊，而非對正額前，鍾斯協助他糾正持球方式；此外，林書豪原本用手掌持球，而非用手指尖控制球。林書豪上手很快，而且比起其他一般未來新星，更能和鍾斯教導的小孩子打成一片。

林書豪也到拉斯維加斯，和著名的籃球訓練師阿布納薩（Joe Abunassar）待了幾星期，此君所訂定的密集籃球訓練課程（Impact Basketball program）曾經操練過波士頓塞爾提克隊的葛內特（Levin Garnett）、皮爾斯和「魔獸」豪沃德之流的球員，以及先前提過尼克隊的戴維斯、錢德勒和傑佛瑞斯，還有巫師隊的沃爾、暴龍隊的盧比歐與強森。期間，林書豪抽空離開了一陣子，回哈佛去考畢業考試，考完又回到拉斯維加斯繼續練投球、持球及防守。很多頗有前途的職籃新秀都在那裡，但林書豪覺得自己不輸他們。

選秀前的最後階段是全國巡迴拜會，林書豪前往全美各地，總共拜會了八支球隊（包括尼克隊、湖人隊和金州勇士隊），他們多少都對他的加盟感興趣。根據流傳的各種說法，這是個既振奮又挫折的過程。四到六名球員同時飛去，經過投球和技巧練習之後，就安排在一對一、二對二或三對三的球賽中上場，在各種球隊高層人員、總經理、教練和球探面前較勁。他們也安排球員面試，有些甚至要做性格測驗。

後來林書豪說，這些比賽無法讓他發揮長處，因為他在五對五的真正全場籃球賽中才表現得較好。他在拜會賽中的其中一場拉傷了背部，而測試結果也很不好。在那時，他告訴《波士頓先鋒報》（該報正在追蹤報導他從哈佛進入NBA的過程），當時每支球隊對他的反應都頗肯定，只除了看到他拉傷背部的那支球隊之外。不過，後來到了那年夏天，他告訴《運動畫刊》記者休斯（Frank Hughes）：

我認為自己有幾次測試打得很好，但似乎就是沒有人注意或在意。有幾次我真的很困惑，於是打電話給經紀人，說我在這次測試輕而易舉就成了表現最好的一個，可是好像沒有人當一回事。

一方面，林書豪覺得自己在所有拜會球員之中表現得很好，而另一方面，他並不確定自己受到平等待遇。為什麼那些教練明明睜眼看著他，卻對他的能耐視若無睹呢？

◆

儘管林書豪說他做好心理準備去面對任何結果，但二〇一〇年六月二十四日的NBA兩輪選秀都沒有叫到他名字時，他不可避免地感到挫折、失望。不少在選秀會前的訓練營或球隊測試中和他較勁過的球員（表現經常沒有他好）卻被選中，與NBA球隊簽了約。這是四年來的第二次，林書豪展現了他的能力，但還是未能說服那些他需要說服的人。

二〇一〇年夏末我第二次訪談林書豪時，他回顧選秀會，很老實地說，特點就是「很令人失望」。

為什麼NBA的教練及球探們用比較謹慎的眼光看待他？為什麼他們對待其他新秀沒有像對待他那樣抱持著懷疑態度？

自從掀起「林來瘋」之後，他在幾次訪談中都說，他並不怪任何球隊忽略了他，因為他對自己的侷限和錯誤也有自知之明。不過，他並非完全沒有察覺到自己的種族身分可能「和不入選有關」，這點使得NBA教練們及其他評估者似乎無法看到眼前此人的潛力。在奧蘭多市安麗中心（Amway Center）舉行的「NBA全明星週」活動中，林書豪告訴媒體，他因為種族身分而受到冷落、忽視的程度「有多少」實在很難說，但他相信這是個因素。「我想，光是身為亞裔美國人，顯然當你看我的時候，我就得要一次又一次再一次地證明我自己，可是有些人或許還是不會相信。」

而且還不只是林書豪有這種感覺。前哈佛籃球隊員鄧肯（Arne Duncan）如今是美國教育部長，他在林書豪剛進哈佛時就開始仔細觀察他，看著他球技進步，終而爐火純青。對於林書豪所受到的對待，鄧肯說，完全就是「小看他，而且坦白說，先入為主地定型」的例子。鄧肯說起話來不像林書豪那麼保留，他說，教練們嫌棄林書豪，和他的種族身分「絕對有關」。

中國的《籃球先鋒報》總編輯蘇群也這樣認為。他對《今日美國報》說，「除了想法粗糙和刻板印象」，真正原因是大家「沒想到亞裔美國人在籃球方面可以這麼優秀。我們對這點得要誠實以對。」

然而，林書豪也把進軍NCAA和NBA的艱難，視為神要他走的信心之路的一部分，誠如林書豪在我們第二次訪談中所說：「我盡量抬起頭保持信心。在我過去的人生路上，有那麼多例子，神把『壞』的狀況變成最棒的。」

這是真的。從信仰的眼光去看，神為林書豪設了一條很特別的路，琢磨他、讓他準備好，而神也從來沒讓林書豪沿著老路隨波逐流。他一直都得要闖出自己的路，總是走著比較不落常規的路，走著難以看清眼前進展的路，走著得要相信神有所目的和計畫的路。

他曾在地區決賽前一晚腳踝骨折，因此學到永遠不要把機會視為理所當然。他沒有拿到史丹佛的獎學金，結果在哈佛球場上有充分時間練成球員。是否此處也一樣，神準備了一條比較艱難、比較少人走過但更好的前路呢？

◆

林書豪對NBA選秀會充滿挫折感，雖然選秀過程可能很不公正，但達拉斯小牛隊總經理尼爾遜（Donnie Nelson）很快就邀請林書豪加入小牛隊，參加六月底他們辦的小型訓練營及夏季聯盟的隊伍，這點紓解了林書豪的心情。在奧蘭多和拉斯維加斯的夏季聯盟賽中，NBA各個球隊會和它們的年輕球員與新秀合作。從某些方面來說，以自由球員身分加入夏季聯盟賽，可能要比遲遲才從第二輪選秀獲選的好，因為要是有球隊決定和他簽約，這個自由球員就有更多選擇和發揮機會。這是個很重要的良機，林書豪也滿懷感激地接受尼爾遜的邀請。

尼爾遜是在普茲茅斯邀請賽開始和林書豪有交情的，他也是唯一給了林書豪夏季聯盟賽名額的人。尼爾遜誇獎林書豪在球賽中的表現，以及他的籃球智商，但他也直言不諱，認為林書豪要成為真正的NBA球員還得花一年時間（這點果然說中，如今看來簡直就是預言）。那年夏天，林書豪告訴ESPN：「他沒有選中我，是因為他認為我仍然需要一年時間去成長，但他要我去幫他們的發展聯盟球隊打球，熟悉一下這個城市，熟悉一下這個組織。」

尼爾遜冒的風險是，一旦林書豪展現出潛力，其他球隊可能會看出他們錯失了什麼。達拉斯小牛隊是在拉斯維加斯的夏季聯盟出賽，因此林書豪和父母及兩個兄弟在七月初來到這個「罪惡之城」，他的高中教練戴本布洛克也來看了幾場比賽。報到之後，林書豪拿到的球衣號碼是「七」，聖經裡的神聖數字，代表創造和圓滿。林書豪視之為「神用祂的方式提醒我：祂與我同在」。

據ESPN報導，夏季聯盟賽之初，NBA的人員視林書豪為「搖擺人」，因為他們「不確定他究竟是控球後衛還是得分後衛？抑或兩者都不夠格？」這些球隊面對的疑問之一是：林書豪是否能轉換回控球後衛的角色？然而尼爾遜卻公開拿林書豪和鳳凰城太陽隊明星後衛納許做比較，認為兩人不但長處相似，也同樣不容易表現出特色。

林書豪的腳正從阿基里斯腱受傷的傷勢中逐漸復原，直到夏季聯盟開賽那天早上才終於可以打球。第一場是對丹佛隊的比賽，他在十八分鐘內就得了十二分、兩次助攻，與達拉斯隊先發球員波瓦（Roddy Beaubois）得分一樣，而波瓦這個法國青年所花的時間幾乎比林書豪多出一倍。可是接下來對休士頓火箭隊的比賽中，林書豪在十一分鐘裡只投籃兩次，對密爾瓦基公鹿隊則是十六分鐘裡投籃五次。

後來波瓦的腳踝輕微受傷，林書豪真正的機會來了，在第四場比賽有了二十七分鐘上場時間，他把握住每一分鐘發揮到極致。在賽前介紹中，最大的歡呼聲給了這年的NBA選秀狀元，華盛頓巫師隊的沃爾；然而比賽結束時，觀眾都棄沃爾（他得了二十一分，但是十九投只有四中）轉而為林書豪喝采。林書豪在球場上的大膽、無畏、充滿運動員風範的表現，讓觀眾目眩神迷，也把沃爾比了下去，簡直就是隨心所欲攻破對方的防守。林書豪後來告訴我，整場比賽中，他「清楚感覺到像是神在帶領，讓他有能力做到」。

他打完這場比賽得了十三分，大部分的得分都是在最激烈的第四節獲得的，清楚展現出林書豪的潛力，就像ESPN形容的：「林書豪的積極進攻、勇猛防守、球場智慧以及領導力，讓那些管理人員看傻了眼……也使得林書豪成為觀眾寵兒。」或者就像馬東尼（Zach McDonie）為體育網站「Bleacher Report」所報導的：「林書豪讓沃爾在球場兩頭看起來像個傻瓜，也證實了人們最挑剔林書豪的一點，也就是他的運動天賦，其實是根本不用擔心的。」

夏季聯盟還有一場球賽，林書豪上場十九分鐘拿下了十二分，六投四中。他的最終統計數據是平均上場十八分鐘，拿下九點八分，三點二個籃板球。

然而和沃爾的正面交鋒終於扭轉乾坤，比賽的精彩片段迅速傳播開來。達拉斯小牛隊要林書豪在他們新的發展聯盟球隊中負責進攻，可是蒙哥馬利開始留意其他機會。湖人隊看到林書豪這個嶄露頭角的人才，覺得可以培養他來取代老將費雪。據說，另一支不願具名的東岸球隊也找了他，但最後關頭由於金州勇士隊要找舊金山灣區當地人球員，情況來了個一百八十度大轉變。

雖然金州勇士隊不算是檯面上最划算的機會，林書豪和家人卻認為整體條件是最好的。他告訴我，他們家著眼於四個重點：球員名單空餘名額、合約條件、球隊所在地點，以及球隊的球風。林書豪從小到大在電視上看著勇士隊球賽，有時林繼明還會帶兒子們去現場看球。林書豪加入勇士隊之後可以離父母很近、離原本教會很近，也可以為家鄉球隊打球。

事實上，林書豪念大四的時候，我問過他，他對NBA有什麼樣的夢想？他說最終夢想是為勇士隊打球。

勇士隊在二〇一〇年七月二十一日宣布簽約，舉行了記者會。對一個從選秀會落選的菜鳥球員來說，記者會上出席的全美媒體意外之多。這可說是未來局面的一個跡象。林書豪身兼灣區居民和NBA具開創性的亞裔美國人球員身分，一開始就有了一批很熱情的追隨者。《聖荷西水星報》稱之為「追隨派」，這派人的核心份子是由聖荷西基督徒會堂和帕洛奧圖高中組成，加上欣賞林書豪所作所為的亞裔美籍運動員，以及亞裔美籍父母們（還有其他各類父母），因為他們想要孩子有個比較好的模範。

三個月後，勇士隊開始打新球季的熱身賽時，很明顯可以看出來，在勇士隊的甲骨文體育館（Oracle Arena）觀賽的一萬零四名觀眾之中，很多人是來看林書豪打球的，他們在第三節高喊著要他上場比賽。比賽剩下十分四十九秒、他離開板凳上場打球時，引來當晚最大的歡呼聲。在那十分鐘內，他拿下了七分、三個籃板球、兩次助攻。如同《舊金山紀事報》的報導，群眾「每次見他摸球就歡呼，而別人犯規阻擋他，他仍能表現出良好體力，控制好身體完成帶球上籃時，觀眾的爆米花都灑出來了。這還沒完呢。另一方面，林書豪抄截舒耶（Jon Scheyer）的球，趁空檔助攻給隊友萊特（Brandan Wright）強力扣籃成功。」

賽後，林書豪說，觀眾的支持「真的讓我很感動，我一輩子都會記得。這整個機會都是神的恩典，我非常感謝神。」

這條路並非林書豪所能預見的，或者是他想要走的路，然而又一次，在林書豪來看，神開闢了一條很不同的路給他；也許是一條更難的路，卻是更好的路，以便讓他能走到他打算去的地方。所以，當我問林書豪，他是否曉得神為什麼帶領他走最後這段路時，他回答：「我也沒法說清楚為什麼神讓我走這條路，但我知道，在這難以置信的過程中，祂的大能和對我的帶領比顯示出來的還多。」

球還在半空中時要有信心，這並非意謂著相信球一定會落入籃框中。有時球會投進，有時不會。球還在半空中時要有信心，指的是要努力忠於神賜給你的天賦和機會，然後把結果交付給神。

我請教過鄧吉（Tony Dungy），他是美式足球印第安納波利斯小馬隊的前任教練，曾和惠泰克（Nathan Whitaker）合作寫過幾本關於信心和運動的暢銷書；我問他，是否認為林書豪的信心造就他成為較優秀的球員。關於這點，以後我還會在結語裡談到，而鄧吉很肯定地答說，其中一個原因是信心賦予遠見。信心「有助你處理壓力，」他說，「因為到了最後一刻的投籃時，你會了解到這並非關乎生死的問題。」對於依靠運動表現找到自我意義和重要性的球員來說，當球在半空中時，生命彷彿維繫於那顆球。但是對於有信仰的運動員來說，不管球是否會落進籃網裡，其實並不是最重要的問題。

就和他父母一樣，林書豪那位「唯一觀眾」，也就是神，同樣是關切他的心靈狀態更甚於比賽結果。當然，這並非說有信仰的運動員就不在乎比賽結果。當這名運動員懷著正直的心、懷著為自己的天賦和機會感恩的心、懷著知道自己不配擁有這些的謙遜之心，而後等到球投進籃框時，有信念的運動員會視之為天賜。覺得自己不配，不輕看，不把它視為理所當然，純粹視之為恩典，那麼這個運動員就只會感到全然脫俗又滿溢的感恩心情。

所以，在加拿大航空中心對多倫多暴龍隊的比賽還剩下二點二秒時，林書豪讓球出手，人人為之屏息，全場的空氣彷彿都被吸光了。球高高飛向上空，飛到頂點，轉而落下……然後穿過了籃網。

林書豪轉過身，和全場歡呼的觀眾們一同慶祝。那晚有很多人是來為林書豪捧場的，也有很多人在那晚比賽還沒結束前就轉而為他捧場了，全場都瘋了。費爾茲和諾瓦克四臂交織抱住了林書豪，大喊著鼓勵的話。林書豪緊握雙拳脫身出來之後，開心大吼著。

林書豪在最後階段拿下的十二分，剛好和暴龍全隊在第四節攻得的總分一樣多。這場球他總共拿了二十七分和十一次助攻。尼克隊以最戲劇化的方式贏得了六連勝。比賽結束後，教練丹東尼開玩笑對媒體說：「我很高興比賽像這樣，這一來就可以讓『林來瘋』稍微平息一下了。」

推特又再度擠爆了，這回是別的職籃球員搶著向林書豪道賀。「簡直瘋了！」明星控衛納許留言說，「我一面看著林來瘋，一面希望他每次投籃都中。但願我永遠沒長大。」聖安東尼奧馬刺隊的吉諾比利（Manu Ginobili）、曼斐斯灰熊隊的蓋伊（Rudy Gay）、洛杉磯快艇隊的保羅（Chris Paul）還有其他人，全都道出了他們對林書豪的敬意，也為他的成功感到高興。不過最多驚嘆號獎則要頒給NBA的傳奇球星「大嘴」米勒（Riggie Miller），他寫的是：「好吧。我服了！！！！！！太讚了！！！！！！！！哇！！！！！！」

與此同時，千里之外的湖人隊前鋒「世界和平」（Metta World Peace，這位運動員的原名是阿泰斯特〔Ron Artest〕）衝出湖人隊球員休息室，用盡肺活量大喊「林來瘋！」湖人隊一直在看球賽，而且，雖然林書豪一人就曾讓他們輸掉三十八分，「世界和平」說，每個湖人隊球員還是為林書豪加油。事實上，據《洛杉磯時報》報導，世界和平矢言要去買一件林書豪球衣，而且想要挖角蒙哥馬利當他的經紀人。

再說回加拿大航空中心，林書豪下場後梳洗乾淨，換上條紋灰帽運動衫，然後到媒體室去面對大批記者。他把勝利歸功給其他每個人之後，有個記者問他，是否敢相信發生在他身上的事。

「不敢相信。」林書豪慧黠地一笑強調說。記者們全都大笑起來。「不過你們知道，我相信有位全能又無所不知的神，祂會行神蹟。」

這就是「當球在半空中時要有信心」的意思。林書豪的信心不是在於相信神會行神蹟，而是在於相信會行神蹟的神。這位基督徒運動員並不會說他知道一本書的結局是怎樣，而是很努力去信賴作者的善意。

經歷了腳踝受傷，經歷了大學招生，經歷了ＮＢＡ選秀，打完了六場林來瘋球賽，林書豪了解到：有時候很難說人生的拼圖究竟是會散落得亂七八糟，還是會紛紛落到正確的位置上。而只要一切都還在半空中，你能做的就只有仰望神。

>>

Game 7

沙加緬度國王隊

再多堅持一天

過去一年來不斷被下放，林書豪每天如果沒有再多堅持一天，他永遠都不會知道，在林來瘋的第七場比賽，他可以把國王隊打得何等落花流水。

沒有時間多去回味在多倫多獲勝的狂喜滋味，尼克隊回到了紐約，第二天晚上就迎戰沙加緬度國王隊。想當年，林書豪是在國王隊的亞科體育館贏了少年時代最大的一場勝利，打敗了對手聖母高中君王隊。如今，他竟是在自家球隊的體育館裡和國王隊比賽，每次他一摸到球，滿堂觀眾就為他喝采。

就算只是一場球季例行賽，但是處在全球矚目的壓力下，與多倫多暴龍隊比賽終了那一瞬間的投球，已然增添了林書豪的傳奇性。隨著每一場比賽，也出現更多種可用來衡量「林來瘋」鋪天蓋地程度的標準：無論是中文還是英文的搜尋引擎，林書豪成為搜尋次數最多的名字；尼克隊網路商店的流量因為他而增加了三十倍；麥迪遜廣場花園的股價也因為他而漲了百分之十。

然而這並非炒作而已，林書豪並不是NBA裡的美國名媛派瑞絲希爾頓（Paris Hilton），只因為出名而有名。林來瘋也不僅關乎他的種族或教育程度，即使他不是華裔美國人、也不是哈佛畢業，光是他身為籃球員的成就即很驚人了。就統計而言，以往從未有任何人的知名度，能這麼迅速就從沒沒無聞竄升到如此異常之高的地步。光是拿其中一項數據來說：林書豪成為先發球員的頭五場比賽，每場至少拿到二十分和七次助攻，他是至少從一九七〇年以來第一個有此成績的球員，專門統計職業運動數據的艾里亞斯運動社（Elias Sports Bureau），就是從這一年開始為NBA保存統計數據。再看另一項：林書豪先發前五場比賽總共拿了一百三十六分，打破了「俠客」歐尼爾保持二十年之久的舊紀錄。

但還不只這樣。歐尼爾本來就該拿很多分的，他是當年的NBA選秀狀元，體格的特點使得他從一開始就占盡優勢。相形之下，林書豪卻是個坐冷板凳而後打破紀錄的人；他一邊讓大家跌破眼鏡，一邊主導進攻，同時振興了NBA最重要的經營項目之一（授權商品）。他不是一個備受青睞的人，而是遭到拒絕的人，是個拚命努力勉強度過每一天的人，結果現在把歷史紀錄本占得滿滿的。

「林來瘋」不是靠單薄的媒體激情炒作出來的，它稱頌的是一種很客觀的例外情況。美國最受愛戴的一位體育作家席蒙斯（Bill Simmons）就這樣寫道：「發生在林書豪身上的事情是……史無前例的。我從來沒看過這種事……我甚至從沒看過窮人發生這種事。」林書豪的故事宛如「真實生活中的《豪情好傢伙》（*Rudy*，講述一個矮小男孩立志進入名校打美式足球的熱血電影）或《洛基》電影劇本，而且他比這兩者更有天分。」

所以，當介紹到尼克隊球員出場，而林書豪在歡聲雷動中現身麥迪遜廣場花園時，球迷高呼「MVP！MVP！」，觀眾席上包括美國前副總統高爾、拳王泰森、女歌手瑪麗布萊姬（Mary J. Blige）等各行業、各膚色的名人，都想要一睹林書豪的風采。球迷高舉著「超級林天堂」（Super Lintendo）的牌子，還拿著將近兩公尺高的林書豪大吼模樣頭像。

林書豪啟發了全美國和全世界的人。他原本是個失意的人，是個遭到球隊釋出、被拒之門外的人，但是他堅持不懈，終於凱旋而歸。他啟發的不只是亞裔美國人，不只是基督徒，也不只是長春藤聯盟學生，他啟發的是每一個曾被排除在外的人，每個曾經奮鬥過的人，每個曾被告知夢想無法達成的人。

這和一年前比起來，實在可說是一大蛻變。

對於和勇士隊簽約，林書豪非常激動。他第一年的薪水將近五十萬美元，也和耐吉簽了三年約，賺到的錢讓林書豪可以對家人出手大方，也能在地點合適的地方買一間公寓，位於他父母家以及高中朋友家之間，而勇士隊的訓練場館就位於舊金山灣對面的奧克蘭市。他又回到山景城基督徒會堂，定期和陳光耀牧師見面、禱告、談話，並閱讀基督教領袖人物斯托德（John Stott）所著的《當代基督十架》（*The Cross of Christ*），以及牧師作家派博（John Piper）寫的《別浪費你的生命》（*Don't Waste Your Life*）、《未來恩典》（*Future Grace*）等書。

與勇士隊簽約幾天後，林書豪應邀去勇士隊籃球營對兒童做激勵演講。他還接到姚明的電話（他開了免持聽筒功能，好讓朋友們都可以聽到），姚明邀他在台灣見面（後來他去了），參加一場慈善球賽。林書豪回到帕洛奧圖高中母校走動時，大家都把他當做英雄。

這一切都很令人興奮，很能滿足自我。林書豪辛苦奮鬥了很久，感覺好像終於達到目的地，神賜給了他夢想。

然而沒過多久，這夢想就沒那麼美了。隨著開始接受勇士隊的訓練，林書豪感到自己被打敗了。勇士隊為了訓練球員，找了非編制內的球員來，結果林書豪感覺自己甚至跟不上這些陪練球員，更別說編制內的正式球員或先發球員了。他發現自己又落到了後段班。

但教練們看到的未必是這樣。當時勇士隊的總教練是尼爾森（Don Nelson），他之下有助理教練史馬特（Keith Smart），但在訓練營開始之前，史馬特就接管了尼爾森的工作。他說，教練們都對林書豪能夠迅速切入禁區的敏捷身手很是稱奇，即使對上該隊年輕球星如艾利斯（Monta Ellis）和柯瑞（Stephen Curry）也一樣。然而，林書豪只看到自己的錯處。教練們都鼓勵說他很有進步時，他卻執著於自己的弱點，拚命苦練要去克服這些弱點。

打從一開始，勇士隊的教練們就留意到，林書豪總是每天早上第一個到訓練場館的球員，通常八點半吃早餐，九點就踏入球場。正式練習要到中午才開始，但林書豪先跟著助理教練席拉斯（Stephen Silas）練習擋拆戰術，並且採用他和父親以前的方法，看了大量的錄影帶，觀察太陽隊控衛納許及其他菁英控衛的球技。林書豪跟著席拉斯、後來又和另一位助理教練皮珥思（Lloyd Pierce）一起苦練，讓他切入禁區之後可以有更多選擇，看是要投籃或傳球。

然後，林書豪就想嘗試在比賽中運用學來的本事，但並沒有馬上成功。他常常會在衝進防守球員陣中之後掉球，也會心浮氣躁、沉不住氣。他的外線投籃和擋拆打法尤其需要下功夫。NBA的三分球線比大學球場遠得多，而且NBA球員更高大、速度更快，更可能攔截傳球或阻擋投籃。

二〇一〇年十月八日新球季熱身賽開打那天，林書豪上場比賽時，球迷爆出熱烈反應；林書豪在禁區內拋投進球時，有些球迷甚至高呼「MVP」，首次顯示出他在舊金山灣區擁有大批支持者。球季開始後，觀眾席上他的球迷會要求在下半場看到他上場，而且他一碰到球，球迷就爆出喝采。十月二十九日，林書豪第一次正式上場，打了兩分半鐘，留下一次抄截紀錄，但觀眾對他每個動作都反應過度。

他首次亮相之後，勇士隊在球場上當著球迷的面訪問林書豪。主持人開玩笑說，現場觀眾的提問有十七條都是要向他求婚，而林書豪也創下NBA一項紀錄：他是第一個只贏了一個跳球就獲得滿堂喝采的球員。觀眾看著這段訪問，又爆出熱烈掌聲。林書豪承認，他剛進入球場時，「我一聽到喝采聲，轉眼間從全身是乾的變成汗水溼透了」。他說，他想要好好打球把握這個機會，並且全心投入來榮耀神。但他也察覺到，這是個「打破刻板印象」的機會，所以他想要成為「孩子們成長過程中的一種激勵力量……就像其他人曾經激勵過我一樣」。

二〇一〇年十一月一日對湖人隊的比賽中，他終於首次得分、首次做到助攻、首次搶到籃板球，以及十六分鐘內有驚人的四次抄截。剛好又過三個星期之後，他在對湖人隊的比賽中得到生涯新高的成績，於十七分鐘內攻得十三分。然而，在這兩場球賽之間的很多比賽中，他要不是根本沒離開過冷板凳，就是沒留下什麼令人刮目相看的成績，也就是崇拜他的球迷等待的喝采機會。

灣區球迷的關注讓他既受寵若驚又感動；不過，雖然林書豪從來沒說出口，這種關愛也是個沉重負擔。他上場的時間很少，成績更少，但他的實際表現和球迷誇張的支持形成強烈對比，這令他很痛苦。他需要時間和空間自然成長。出去客場比賽時，絕大部分球迷從來沒聽說過他，讓他可以稍微鬆口氣，把握住隨時來臨的機會。身在主場時壓力太大，反而無法太快有太多作為，感覺就像是一萬九千名粉絲盯著他的一舉一動，聚光燈彷彿永遠照射著他。

這不是粉絲的錯，而是林書豪太想要討好他們，想要滿足或超越每個人的希望和期望；然後他辦不到時，就生自己的氣。他知道自己對於灣區和全美各地的亞裔美國人所代表的意義，但是身為NBA的菜鳥控衛，又肩負亞裔美國人（更不用說台灣）的重大希望，這壓力就太大了。

沒多久，這種壓力耗掉了他的比賽樂趣。籃球愈來愈成了一種執迷，而不是熱愛，不再帶來喜悅和感恩，反而成了焦慮和挫折的來源。評論他的人說，勇士隊和他簽約其實是一種宣傳噱頭，是要巴結住在灣區的亞裔美國人，或者只是不擇手段想賣出更多商品而已（林書豪還沒打過一場比賽，他的球衣就開賣了）。有的人則說，勇士隊所以簽下林書豪，只不過是因為球隊的新金主賴科博（Joe Lacob，也是史丹佛籃球隊後援會成員）喜歡他，而不是因為教練們相信他對球隊有幫助。

打了十七場球賽之後，林書豪平均上場八點五分鐘，得分低於兩分。他上場的時候毫無例外都是「垃圾時間」，也就是勇士隊遠遠領先或者（更常見的是）遠遠落後的時候。菜鳥球季過後的那個夏天，他在「生命河靈糧堂」的見證會上說：「我很快、很快就變得謙卑了。」他「開始很掙扎」，而且「失去自信」。教練們設法鼓勵他，他卻覺得自己是個令人失望的累贅。

到後來，由於林書豪給自己太多壓力，要求自己的表現要達到期望，結果只一心想著籃球。「我真的失去了我的喜悅、我的熱情，以及我打籃球的目的，」他說，這運動「耗掉了我所有時間、想法和快樂。」

耶誕節過後的十二月二十八日，林書豪被下放到雷諾市大角羊隊（Reno Bighorns），去打發展聯盟的比賽。在那時，他已習慣跟著金州勇士隊乘坐他們的私人包機，飛機上永遠有大量免費點心，而隊友們發現他能吃下那麼多垃圾食物也總是大感驚訝。如今他卻在雷諾市一座小型體育館內打球，對上塔爾薩市六六人隊（Tulsa 66ers），他上場十七分鐘，藍色的觀眾席空蕩蕩的沒幾個人。比賽結束後，他們搭上一輛巴士，坐八小時的車程去貝克斯菲爾德市（Bakersfield），這時一股沉重難忍的悲戚壓在他肩上。

在酸楚的心情中，距離希望獲得的成功還有著漫漫長路之際，林書豪在日記裡寫道：「這大概是我最接近抑鬱的時候了。我在球場上缺乏自信……我覺得面目無光，像個失敗者。」

戴本布洛克教練告訴新聞網站「Daily Beast」，林書豪高中四年級那年，比賽「對他而言已經非常輕鬆」，因為他「能完全控制場面且發號施令」。而他在適應ＮＢＡ的過程中，雖然還有很多待學，然而他在尼克對沙加緬度國王隊的比賽中卻顯得輕鬆得很，林書豪在這場球賽中左右大局。

球賽一開始的幾分鐘裡，他有如猛虎出柙，拿了五分。他帶球上籃投進一球，並在第一次持球時得到罰球機會得一分，接著兩分鐘後，他迂迴繞過防守球員到了籃下，左手帶球上籃得分。他也製造一連串助攻：傳給史陶德邁爾跳投、給了費爾茲一次完美的空中接力灌籃、另一次空中接力灌籃則是給了錢德勒、一次聲東擊西傳球給史陶德邁爾灌籃、找到在外線的沃克讓他跳投得分，再拋球給站在角落的費爾茲投進三分球。林書豪有辦法攻破對方的防守陣式，製造出防守的缺口，為隊友開啟進攻大門。

觀眾對他每一個動作都有熱烈反應。第一節剩下兩分二十五秒，林書豪下場時已經得到五分和六次助攻，尼克隊領先八分。尼克隊所得的二十五分裡，有十八分是靠林書豪拿下或靠他助攻得到的。尼克隊起死回生，而林書豪勢如破竹的表現和所贏得的球迷讚賞，在NBA是很少見的。

在雷諾大角羊隊比賽四場之後，林書豪平均每場得到十八分、四個籃板球、將近三次助攻。他的命中率很高，投籃命中率百分之五十二，三分球命中率百分之四十，罰球命中率百分之七十八點六。遠離了甲骨文體育館的聚光燈和球迷，他的數據高了很多。

更重要的是，他繼續下苦功。花工夫去了解自己的弱點，並設法克服或彌補，在這方面林書豪是毫不倦怠的。他更孜孜不倦地從最傑出的控衛身上學習新技巧和技術。

林書豪在雷諾大角羊隊時的教練是穆索曼（Eric Musselman），他告訴《紐約時報》，林書豪從一開始就是「我當教練以來所見過最好的運球突破球員之一」。他運球穿過防守漏洞的本領非常好，而且無論是進攻籃框，或傳球給中距離無人防守的射手，他都很在行。他和大角羊隊第一次配合時，穆索曼便和林書豪演練擋拆戰術。

後來林書豪在一月初短暫重返勇士隊，才沒多久又被打入冷宮，馬上再度分發到大角羊隊，正好趕上一月十二和十三日他們在發展聯盟錦標賽的兩場比賽。林書豪曉得一月二十一日是釋出期限，一旦球員通過了這期限，就可以留在球隊的正式球員名單上，這一整年都可以領全薪。林書豪擔心要是遭到釋出，他有什麼臉去面對家人和球迷？

有一度，林書豪很懊悔和勇士隊簽約。有時他覺得自己在發展聯盟中逐漸凋謝，捱著心靈上的黑暗長夜。當初和勇士隊簽約時，他曾以為自己在曠野的日子終於結束，來到了應許之地。如今卻在這裡，遠離了應許之地，在心靈的黑暗中掙扎。如果這是神的安排，為什麼神的安排一點意義都沒有？

基督徒的生活經常出現一種諷刺現象，就是不知得重複學習同樣的功課多少次。林書豪一度學會把一切仰望在神手裡，如今又得要重新學這功課。他在生命河靈糧堂的見證會上告訴聽眾，他「發現了一條失去希望和失去仰望神的路」。他為了錯誤的原因去打球，為了統計數據、為了掌聲、為了合約，以便滿足其他人的期望。「我在為自己打球，」林書豪說，「還有為我自己的榮耀。」

林書豪得要從頭再學習「有足夠的信心仰望神的恩典，仰望神的管教和完美的安排」。他得要記住怎樣「盡最大努力」，以及「把其他一切都交在神的手中」。

有一位他的靈性輔導鼓勵他，不要只把待在發展聯盟的時期視為磨練籃球技巧的機會，而要當做在靈性上找回歸屬的機會。「我要你每天禱告一個小時。」輔導說。結果林書豪照做了。漸漸的，他的優先順序重新調整回來。陳光耀牧師記得，回顧待在發展聯盟的日子，是段充滿掙扎和懷疑的時期，但也「寶貴無比」，因為那教導林書豪再去「依靠神而不是依靠自己」。

林書豪在發展聯盟錦標賽打得很好，對緬因紅龍蝦隊（Maine Red Claws）拿了二十一分、七籃板、六助攻；對蘇族瀑布天力隊（Sioux Falls Skyforce）拿了二十二分、五籃板、五助攻。一月十五日，他獲選為發展聯盟錦標賽第一隊。當時在一次訪談中，記者問及他對於到發展聯盟打球有何感想。

「老實說，我內心很掙扎，」林書豪說，「覺得自己遭到下放或不夠格打NBA。但是現在，它改變了我的看法。待在勇士隊的話，我就無法下這些苦功。我現在只是盡量學習並成長，準備好自己，等著勇士隊召我回去。」

來自籃球選手資訊網站「選秀快遞」（DraftExpress）的另一個訪談者問起，他身為亞裔美國人，面對運動是否有壓力？林書豪說他很感謝亞裔美國人的支持，也了解自己的故事很獨特，但他「只是努力為主打球，也只為祂打球」。對方又問他，能否猜測勇士隊明年會不會再和他簽下一年合約，林書豪不肯猜。「神要我在這裡是有原因的；我只要努力打球就好，並且每場比賽都按照該打的方式去打。」

他被派去打次要聯盟的比賽，其實是塞翁失馬。林書豪因此有更多時間打球，得到教練的關注也比在其他地方多。因此，第二次分派去大角羊隊打球時，他在穆索曼及其他教練指導下，苦練帶球上籃技巧，以及遭人碰撞時如何保持身體平衡，如何在球場中線附近阻擋防守球員、創造出空間，以及如何對應防守方的兩人包夾，製造出自己的優勢。錦標賽之後，在接下來十二場比賽中，林書豪以先發球員身分打了八場，平均上場時間是三十二分鐘，平均得到十八分，五點六個籃板球，而且有將近五次助攻。他也讓隊友如小尤英（Patrick Ewing Jr.，前尼克隊球星尤英之子）留下深刻印象，小尤英留意到林書豪會把自己的頭等艙機票給隊友們用（發展聯盟會讓有任務在身的NBA球員坐頭等艙），自己去和球隊坐經濟艙。小尤英說，所有外派來打球的NBA球員中，只有林書豪會這樣做。

二月五日回到勇士隊，林書豪在推特上表達了他重返大球隊的欣喜。然而，又像從前一樣，他的上場時間很少，平均得分約是兩分、一次助攻、一個籃板球。對於教練史馬特那麼少讓他上場，林書豪的死忠球迷感到很洩氣。「有時候他看太多錄影帶了，結果成了機器人似的，」史馬特對ESPN說，「比賽全靠本能反應。」史馬特也訂了個規矩，在內部小組對抗時，凡是對林書豪出手犯規者，一律視而不見。「我認為他需要了解這點，」史馬特說，「身為無名小卒，是得不到任何禮遇的。」

根據NBA的規定，一年級或二年級球員分派去打發展聯盟最多三次；林書豪不知是否算榮幸，於三月二十七日三度被派去打雷諾大角羊隊。雖然逗留短暫，但回到大角羊隊的第二天晚上，他打第一場比賽就在三十分鐘內拿到二十七分。在這次三度外派任務中，他繼續磨練三分球、減少失誤，盡量把握眼前的機會。

等到他的菜鳥球季結束時，林書豪在雷諾大角羊隊出賽二十場，平均上場三十二分鐘，攻得十八分、六籃板、四助攻、兩次抄截。他進步很多。但是對林書豪更重要的則是在勇士隊打球的數據，而這些數據卻不怎麼出色：平均上場時間不到十分鐘，得二點六分，一點四次助攻，一點二個籃板球。

這不是他想像中的菜鳥球季，也不是他以為會有的發展情況。林書豪苦苦奮鬥，但他努力仰望，努力磨練，努力相信自己總有一天有機會在ＮＢＡ證明自己是個先發控衛。

「我敢肯定，林書豪不敢相信這場球賽對他來說變得有多麼容易。」尼克隊評論員佛萊澤重新看過林書豪對國王隊第一節比賽的精彩片段之後說。在林書豪的菜鳥球季中，曾當過他的教練，但只給他很寶貴的一丁點上場時間的史馬特，如今正好是國王隊的教練，看到林書豪不費吹灰之力就把國王隊打得落花流水，一定很不是滋味。

第一節快結束時，尼克隊教練丹東尼讓林書豪下場休息的時間比平常久，一直到第二節過了四分半鐘之後。林書豪再度上場，直接長傳一球到錢德勒手裡，這是該晚的第三次空中接力。第四次是在上半場剩下一分四十秒時傳給費爾茲，這一球是從三分線長傳到費爾茲手裡，他飛身在籃框上方六十公分處接到了球，把球扣進籃框。尼克隊主播布林顯然一下子失去了鎮靜，大喊著說：「喔！費爾茲扣下去了！」全場的所有人似乎也同樣留下深刻印象。「林書豪這球傳得太完美了！」

林書豪在剩下五十一秒時取得了罰球權，投二中一，剩下的時間裡有一半在運球，一面叫史陶德邁爾到三分線幫他擋人，然後他加速閃過對方的防守球員海斯（Chuck Hayes），衝刺穿過對方七手八腳的攔阻防衛，往籃框切入。一度，國王隊身高二〇八公分的前鋒湯普森（Jason Thompson）飛身攔阻他投球，林書豪虛晃一招再傳球給錢德勒，剩下一點七秒時，錢德勒狠狠灌籃得分。

尼克隊在上半場已經領先史馬特的球隊達到十八分，林書豪再次證明他可以痛宰國王隊。

經歷了一年「艱辛和沮喪」（他在勇士隊影片中回顧第一個球季時，曾經這樣形容）的菜鳥球季之後，林書豪大可在夏天好好休息。或者，他也可以怪罪教練只讓他上場打幾分鐘、球探沒有眼光、NBA的文化等等，撫慰自己受傷的自尊。

然而林書豪不想找藉口。如果想過得平庸卻死要面子、想要保有唯我獨尊的優越感，找藉口就會有幫助。林書豪想要的則是解決方法。沒有哪支職業籃球隊該承諾讓他上場多少分鐘，他得要自己贏取上場時間，得要表現得更好才行。

林書豪不停磨練的過程繼續下去。就算他真的沒能得到該有的機會，也可以藉著球員身分繼續求進步，準備好自己，當機會來臨時善加利用。於是林書豪悄悄地持續改善球探和教練們所指出他的不足之處：他的肌力、外線投籃，還有身為控衛的當機立斷能力，尤其是擋拆戰術。

為了改進自己的中距離投籃命中率，林書豪求教於戴本布洛克從前的教練謝波勒（Doc Scheppler）。謝波勒於一九七八到八〇年曾經在柏林甘高中擔任過戴本布洛克的教練，多年來兩人一直都保持聯繫。如今，謝波勒是洛斯阿托斯山鎮（Los Altos Hills）松林高中（Pinewood）備受推崇的教練，他看過林書豪在高中打球，林書豪上哈佛後放暑假回家時，謝波勒也曾協助戴本教練在夏季培訓中訓練林書豪。

他們從五月下旬開始練球，那時林書豪因為膝蓋的髕骨肌腱輕微撕裂，還在治療復原期間。小時候，林書豪是很棒的射手，但是後來的幾年養成一些壞習慣。在NBA時，球場上的三分線弧形更深，突破防守也更難，要是林書豪不加油練好三分球的話，是無法發揮潛力成為職籃球員的。由於林書豪受傷還不能動作自如，因此他們先練投籃動作，有時則是由弟弟林書偉上場，林書豪看著謝波勒以林書偉做示範。林書豪漸漸發現，謝波勒集中於教他平衡（他的兩腳靠得太近，下盤不穩，尤其是移動時）、投籃出手（林書豪持球時距離他的頭後方太遠，太像足球從邊線發球的動作，但是在菜鳥球季裡已經逐漸改善），還有韻律（由雙腿直到上半身的動作必須更流暢，在起跳時開始投籃動作，而在躍到最高點時出手）。

他們也練習各種情境的投籃動作，包括在中距離（例如接球和投籃，以及運球中急停投籃），以及在籃框附近三十公分範圍內（行進中投籃、拋投之類）。在松林高中或柏林甘市謝波勒家後院練球時，他們會玩自創的比賽遊戲，如「打鬼」，投中三分球就得一分，要是沒投中，「鬼」就得三分；還有「罰球高爾夫」，一般投籃是「平標準桿」，空心入籃是「博蒂」，擦板得分則是「老鷹」。林書豪的競爭心很強，他在那年夏天大有進步，而這些訓練也一直持續到封館結束（這是NBA球隊老闆們和球員之間的集體勞資協議時期，直到夏天結束），並延續到十二月初訓練營開始時。

（投進那個終場鳴聲響起時的三分球、擊敗多倫多暴龍隊之後，林書豪發了簡訊給謝波勒：「全都拜你所賜，感謝你今年夏天所做的一切。」）

謝波勒也帶林書豪造訪門羅公園市（Menlo Park）的斯巴達體能中心（Sparta Performance Science）鍛鍊體能，尤其是腿力。林書豪剛到斯巴達時，創辦人華格納博士（Dr. Phil Wagner）要他從長方形的「力盤」往上跳，以測試他兩腿的爆發力。雖然受到髕骨肌腱受傷影響，林書豪的腿力基本上還是弱到令人驚奇，他只能舉起四十公斤蹲下三次。但是等到訓練結束時，他已經能連續三次舉起一百零五公斤，垂直向上躍起增高了九公分，跑跳高度增高了十五公分，側向敏捷度也提高百分之三十二。華格納說，這一來就可以讓他更具爆發力，「在碰撞中也更穩」。

此外，林書豪還在普萊桑頓市（Pleasanton）的「二十四小時健身中心」與訓練師柯斯特羅（E. J. Costello）鍛鍊上半身的肌力，一個夏天下來減了一點三公斤的肥肉，增加七公斤的肌肉，讓體重達到九十六公斤。

如今回顧這一切，柯斯特羅對於某些人認為林書豪是「不知打哪兒冒出來」的想法感到好笑。真相是，林書豪是來自於極度的勤奮、努力和犧牲。「我從沒見過比他更努力苦練的人了，從來沒有，」柯斯特羅告訴《聖荷西水星報》，「要是每天有四十小時，他會用盡四十小時。他每一秒都不放過。」

整個夏天裡，他都在受訓並不斷進步，偶爾也花時間與家人和朋友聚聚，當時的設想是林書豪會在金州勇士隊打第二個球季。他一心要幫家鄉球隊打球，為他成長過程中所崇拜的明星球員們所屬的球隊打球，為這支深植在他生命裡的球隊打球，這一點促使他不斷提升自己的比賽能力。

然而，隨著NBA與球員們的勞資爭議，前途愈來愈難以預測。那年夏末，林書豪去台灣和中國時，受到力邀加入國家代表隊、打台灣的職籃聯盟，姚明的上海大鯊魚隊也向他招手。林書豪的回絕之心逐漸變淡，他是個年輕球員，需要累積出賽經驗。據他的經紀人蒙哥馬利說，NBA老闆們和球員於十一月二十六日達成協議前，林書豪差點就要和一支（姑隱其名）的義大利球隊簽約了。

十二月九日封館結束，這將是訓練營開始的第一天，是他成為自由球員身分的第一天。這也是林書豪在金州勇士隊的最後一天。

勇士隊開除了上個球季的教練史馬特，而由於勞資糾紛之故，勇士隊的總經理瑞雷（Larry Reiley）和新任總教練傑克森（Mark Jackson）都沒機會看到進步之後新的林書豪；本來通常都有夏季聯盟賽和非正式的練習賽，但球員都被封在館外了。訓練營的第一天是個星期五，林書豪上場練球不到九十分鐘，就被拉了下來，通知說他被釋出了。同一天，勇士隊卻和替補後衛簡金斯（Charles Jenkins）簽了約，而釋出林書豪之後，球隊空出將近八十萬美元的薪資空間，用來挖角洛杉磯快艇隊的中鋒狄安卓．喬丹（DeAndre Jordan）。

蒙哥馬利告訴勇士隊，他們做的是一個很糟糕的決定，並問勇士隊，為了挖角喬丹，是否還有其他方法可以做薪資的彈性處理。瑞雷說，他們已經絞盡腦汁考慮過各種可能了，而球隊老闆賴科博（他的兒子寇克和林書豪在小時候還曾比賽過籃球）「對此煩透了」，所以林書豪就被釋出了。

兩天之後，喬丹確實和勇士隊簽下一紙合約，勇士隊開出的待遇是四年四千三百萬美元，但是第二天，洛杉磯快艇隊就提出同樣條件把喬丹留下。瑞雷說，他本打算把林書豪重新簽回勇士隊，要是林書豪沒有進入讓渡名單的話（球隊一旦將球員提報到讓渡名單中，其他球隊就可以在他成為自由球員之前挑選他，而原來球隊也可再與其他球隊爭奪他），這話可能是真的，尤其是當他們失掉喬丹之後。但勇士隊沒能有此機會，因為週末還沒過完，休士頓火箭隊就把林書豪挑走了。

那是個漫長的週末，也是這個球季很不祥的開端。林書豪從那個夏天到秋初一直苦練大腿、增強了上身肌力，也改進投籃與其他技巧，卻永遠沒機會向曾經簽下他的球隊展示這些成績，他一直很想為這個球隊打球啊。他沒有機會表現給家鄉球迷看，讓他們知道他是真的屬於NBA，而不是只能在發展聯盟出賽。

進入球季之後，ESPN列出NBA的五百名球員，把林書豪排在第四百六十七名。現在他得要和另一支球隊重新來過，一支不怎麼認識他、又在另一城市的球隊，而他在這個城市幾乎沒有認識的人。

又一次，一切好像再度七零八落了。

尼克隊和沙加緬度國王隊打到第三節時，史陶德邁爾抄截了一球，讓費爾茲跳投得分。接下來兩度上場的林書豪，先替沃克找到投三分球機會，自己又拋投了一個擦板球，讓尼克隊總共領先了二十一分。

隨後的幾分鐘裡，林書豪又多了三次助攻。一記漂亮的地板傳球交給切入底線的費爾茲，讓他帶球上籃得分。另一次地板傳球則讓傑佛瑞斯來了個灌籃。後來又讓沃克拿到球，砍進另一個三分球。等到下次持球時，林書豪自己跳投得分，使得尼克隊領先到二十四分。

第三節打到一半時，他總共拿到十分、十三次助攻。在七連勝之中，這場的助攻次數又達生涯新高。有幾次他的確發生失誤，但是扮演控球後衛的角色幾近完美，不斷組織進攻、引出對方的防守漏洞，為身邊每個隊友製造得分機會。第三節剩下三分鐘時，林書豪下場休息，這時尼克隊領先二十一分。

還是很難相信，在林書豪出現之前，尼克隊已經完全沒有看頭，然而現在他們的團隊合作既優雅和諧又配合無間。球隊很開心，麥迪遜廣場花園為之瘋狂。

林書豪待在休士頓火箭隊的時期又短又不光彩。火箭隊因為有姚明而建立起一批中國球迷，因此簽下遭到釋出的林書豪，對他們來說很有市場上的意義。然而，他們遲遲未能確定球員名單。他們剛簽下莫里斯（Marcus Morris），來自堪薩斯大學身高二〇二公分的前鋒，選秀順位是第十四（莫里斯的首五場比賽平均上場四點四分鐘，只得到一點二分）。他們還需要一名先發的中鋒。

兩場球季前的熱身賽裡，林書豪打了七分鐘；其中一場，他和另兩名後衛崔基奇（Goran Dragic）和弗林（Jonny Flynn）聯手，在比賽剩下二十五秒時帶球上籃，扳平得分。但結果火箭隊還是輸了，需要一名中鋒成了該隊的當務之急，因為他們已經有三名簽了保證合約的控衛。於是當機會來臨，可以簽二〇八公分高的中鋒達倫波（Samuel Dalembert）時，火箭隊就釋出林書豪，以便騰出球員名額。火箭隊的後衛馬汀（Kevin Martin）形容簽下達倫波猶如「得到耶誕禮物」。

第二天，紐約尼克隊打電話給蒙哥馬利。「當我見到來電顯示的區域號碼是紐約的二一二時，」蒙哥馬利告訴《紐約時報》，「我心想，好傢伙，看看是怎麼回事吧！」尼克隊對他說，耶誕節的球季開幕賽時，菜鳥後衛尚波特曾經投十三中三，打到第三節時，卻因膝內側韌帶拉傷而無法比賽。由於他們原本屬意的先發控衛戴維斯也受了傷，因此尼克隊急需一名後衛。

林書豪在十二月二十七日和紐約尼克隊簽了約，第二天就穿上尼克隊的球衣，第一場球賽就是對抗老東家勇士隊。要是有什麼異想天開的念頭，想要在甲骨文體育館家鄉觀眾面前展示精采球技，恐怕是不會實現的。身為名列於道格拉斯和畢比之後（而且等到戴維斯和尚波特歸隊之後，名次還要推後）的第三替補控衛，林書豪只在比賽剩下八十七秒時上場了一下，雖然上場時還算是受到很有人情味的加油，但他只有一次投籃，是六公尺外的跳投，沒有投中。

十二月二十九日對湖人隊的比賽，林書豪上場不到兩分鐘；除夕那天對國王隊，上場不到四分鐘（還有兩次失誤）。一月二日，道格拉斯和畢比兩人自行分配好他們控球後衛的職責，林書豪則坐冷板凳。二〇一二年的頭八場比賽，林書豪只打了兩場，一月七日對底特律活塞隊的比賽在四分鐘內得四分；對奧克拉荷馬雷霆隊時打了將近五分鐘，得三分，一次助攻，一次籃板球。

知道自己的合約並無保障，也知道自己受雇只是權宜之計，直到戴維斯和尚波特歸隊為止，其實林書豪大可就此向命運屈服，但他還是照樣苦練跳投，並跟著尼克隊的助理教練艾特金森練習擋拆。《紐約時報》形容：「林書豪在金州勇士隊時的特點很快又出現了，他每天都是最早到場練球、最後才走的人。他去找球賽錄影帶來看。他申請看有自己那部分的錄影時，要求看的是失誤以及跳投沒進的部分，而非助攻成功的部分。」

事實上，到那時為止，林書豪只在尼克隊記錄到一次助攻。與雷霆隊比賽完沒多久，林書豪又接到壞消息：他又被下放去打發展聯盟，這回是去伊利海鷹隊（Erie BayHawks）。

愈來愈難抱有希望了。到了二月十日，尼克隊就要釋出他，否則得正式簽下他，保障這一年剩下時間的合約。看來戴維斯歸隊的可能愈來愈大，而林書豪會被釋出。後來在NBA全明星週期間，林書豪在安麗中心球場告訴記者們，當時他根本沒有第二計畫。要是被釋出，他考慮轉到海外去打球，或者去打發展聯盟，要不乾脆「先休息一下或暫時放棄籃球」。當時他根本不知道何去何從，也不願多想。

在紐約發展的前途不怎麼光明，然而林書豪還是繼續苦練。

對一名先發控衛來說，最佳的恭維莫過於他在前三節打得太好，根本不需要他在第四節上場了。丹東尼教練讓手下的先發球員下場休息，而紐約尼克隊最終以一百比八十五擊敗沙加緬度國王隊。

林書豪這場比賽攻得十分，外加十三次助攻。尼克隊球員的得分到達兩位數的高達七位（要是錢德勒再多得一分就會成為第八位球員）。林書豪憑著敏捷的穿透和傳球能力，很輕易就打開得分之路，先發球員三十九次出手投進二十五球。

林書豪以先發球員之姿在NBA的頭六場比賽中，總共拿下一百四十六分，比他的偶像

「籃球大帝」喬登還要多五分。更重要的是，尼克隊七連勝。「七」是聖經裡完成創造的神聖數字。

麥迪遜廣場花園的許多球迷都在比賽結束後留下來聽林書豪接受訪問，記者介紹林書豪時，全場熱烈歡呼。「我們開始反攻了。」林書豪說。對於這一晚來說，這話太輕描淡寫了。觀眾頻頻高呼「ＭＶＰ！ＭＶＰ！」並揮舞海報。林書豪忍不住笑了起來。

「你對這一切有什麼感想？」記者問道，指的是周圍一片瘋狂情景。

「簡直瘋了，」林書豪搖著頭說，「太瘋狂了。」

賽後的記者會上，現場有位記者告訴林書豪，歐巴馬總統也看了他投出三分球贏了暴龍隊的那場比賽。

你怎麼知道投降的時辰已來到？何時該嚥下你的自尊，決定接受所有對你抱持懷疑態度的人是對的？到頭來，何時該為了你的生涯、家庭、人生而放棄你的夢想？

每個運動員都碰到這些問題。事實上，近年來，這已經是每個人幾乎都會碰到的問題。僅僅在美國，從二〇〇七到〇九年就少了九百萬份工作，四百萬戶因為交不出房貸而失去了住宅，幾千萬名美國人發現自己住的房子貶了值。而這還只是一個國家的情形。率先在美國出現的經濟苦難蔓延到全世界，讓全球經濟跟著衰退下來。因此，一度自信心燦爛無比的美國，如今飽受自我懷疑的困擾，至於其他許多國家的情況就更惡劣了。

有時懷疑是好事。有時懷疑要比天真的理想主義或固執倔強有智慧。但有時則很難分辨。

二〇一二年一月二十七日，林書豪從邁阿密熱火隊主場美國航空體育館（American Airlines Arena）的更衣室出來，大步往大廳走去，和隊友傑若米・喬丹（Jerome Jordan）與費爾茲溜進禱告室，坐了下來。二十分鐘的禮拜，在比賽開場前一小時，讓這位賽場上最後選擇的後衛球員能暫脫驚險刺激場面，先定定神。

過去七個星期裡，林書豪先遭金州勇士隊釋出，然後休士頓火箭隊吸收了他，接著又被火箭隊釋出，紐約尼克隊吸收了他，但大部分時間都是坐冷板凳，然後下放到伊利海鷹隊，跟著又被召回尼克隊。他為尼克隊打的十三場球賽中（少打的四場是下放到發展聯盟），他拿下十七分。他有四次失誤，這次數正好和他投籃得分的次數一樣。

不久前待在伊利海鷹隊的日子可能對他很有好處。他在一月二十日對緬因紅龍蝦隊的賽事中打爆了統計表，拿了二十八分、十一個籃板球、十二次助攻。這種是魔術強森才會有的數字……當他對抗米老鼠般的球員時。林書豪重返尼克隊後，按照教練丹東尼的統計，林書豪在他表現最好的一場賽事中拿到八分，但那場比賽最後贏了夏洛特山貓隊三十三分，比較好的球員都沒上場。隔天晚上，他在整場比賽又繼續坐冷板凳。

比賽上軌道時，林書豪就靠邊站。

更糟糕的是，他表現如何很可能再也不重要了，球隊很快就得要敲定球員名單，通常意謂著位於食物鏈最下層的球員會被剷除掉。林書豪在一月二十七日的處境就是這樣：位於食物鏈最底層。

所以，那晚林書豪坐在禱告室裡，「恐懼」就坐在他身邊，在他耳旁低語。二月十日之前只剩下八場比賽了，尼克隊可以隨時釋出他。教練丹東尼是否會再給他一個機會，讓他表現一下呢？還是會第一個裁掉他？

熱火隊的前鋒哈斯蘭（Udonis Haslem）也是個虔敬的基督徒，在一場練習之後，對體育作家們講了這個故事。在八個球季期間，他都會做賽前禮拜。美國航空體育館的禱告室位於兩隊休息室的中間，因此雙方球隊通常有五、六個球員，一起在湯普森牧師（Billy Thompson）帶領下唱詩禱告；湯普森曾代表湖人隊，兩次打入ＮＢＡ冠軍賽，後來在佛羅里達州柏卡拉頓市（Boca Raton）建立了教會。湯普森詢問前來做禮拜的球員需不需要代禱時，提出代禱要求的人通常是為了健康，或和親友摯愛有關的苦衷。但是，哈斯蘭在事發一個月後，在一場練習後告訴媒體，那次他聽到前所未聞的代禱要求。

林書豪很有禮貌地舉起手。「可否請你禱告我不要被釋出？」對牧師和在場做禮拜的球員而言，這請求是鄭重萬分的。

「我很了解他的心路歷程。」哈斯蘭自己也曾在職籃生涯中掙扎奮鬥，他如此告訴記者們。

這還只是對一位很懷疑自己的生涯是否就快要完蛋的球員、一位努力要相信自己是受到感召和更大目的而走這條路的基督徒球員、一位很懷疑自己是否還能有立足之地的凡人的內心投以快速的一瞥。萬一那個懷疑的心聲，才是一直以來真正有道理的聲音呢？

畢竟，過去多年來只要談到林書豪，持懷疑論點的人一直很多，也很無情。還沒上哈佛之前，他們告訴他，說他不是全美第一級大學籃球員的料。和勇士隊簽約之前，他們對他說，他不是ＮＢＡ等級球員的料。他和次級球員比賽可以創下好成績，但是他們說，對抗世上最具競爭力的籃球聯盟的威猛高手時，他可一點機會都沒有。

也許現在該要承認這些人的說法是對的了。也許林書豪並不屬於ＮＢＡ。也許，要是他被釋出的話，他就該退出籃球賽場。

但眼前他還沒被釋出，於是牧師就為他代禱，而林書豪也準備迎戰熱火隊。

結果，禱告結束的那晚發生了什麼事？得分爆多，頻頻告捷，大家都來阿諛奉承？

沒有。那晚林書豪一直沒有離開冷板凳。

神沒有聽禱告嗎？要是他再得不到一次機會向教練們展現自己的能耐，那麼他還有什麼機會呢？又或者是他自己沒有聽神說的話？也許神就是用這方式叫他放掉自己的夢想？

基督教神學家談到，神聖週六（根據基督教的教導，這天是耶穌基督從死亡到復活之間的日子）是一段漫長等待的期間，介於神的消逝直到祂重現的第一線曙光之間。林書豪正處於他的「神聖週六」，處在漫長的等待中，而且是比原本的預期不斷延長的漫長等待，然後又再延長，無止境地延長。林書豪相信是神帶他通往NBA，走上這條迂迴又看似不可能的路。他認為「神在我整個經歷裡留下了祂的指紋」。但是，仰望神卻是日常的一場天人交戰。

神這麼精心設計，把他帶進NBA，應該不會只是要讓他坐冷板凳以終，落得被釋出的下場吧？

難道這就是神的旨意？

於是林書豪又堅持著過了另一天，然後又一天，然後再多一天。他努力不懈，一如以往，無視於那些持懷疑論點的人，以及令人卻步的機率。

隔天晚上對休士頓火箭隊，林書豪上場時間很長，投籃內容卻乏善可陳；接下來那一場對底特律活塞隊，他又幾乎沒離開過冷板凳。二月二日對芝加哥公牛隊也是沒離開過板凳，跟著第二晚在波士頓他上場打了六分鐘，三投零中。他沒能向教練們展示他的進步。他需要較多的上場時間逐漸打順手，透過錯誤慢慢打好，建立起自信。遭球隊釋出的期限一天天逼近了。

他的夢想究竟怎麼了？一度他曾夢想自己在NBA成為先發球員，說不定還成為球星，甚至是全NBA的明星球員。然而現在他才打到第二個球季，就已經兩度遭其他球隊釋出，眼前處在即將遭第三支球隊釋出的邊緣，不斷坐冷板凳，並且只能睡他哥哥寓所的沙發（因為擔心尼克隊不會保留他的合約，並保證他的薪水）。

事實上，有一晚，與波士頓塞爾提克隊打完了特別辛苦的比賽後，林書豪甚至不能待在哥哥家，因為在紐約大學念牙醫的林書雅那天晚上請朋友來家裡吃飯，林書豪只好到費爾茲家去睡另一張沙發。

這就是二〇一二年二月三日晚上林書豪的生活。尼克隊最近十三場比賽已經輸掉十一場，隔天他們要和紐澤西籃網隊打連續三場賽事的第三場。麥迪遜廣場花園的球迷們已經想殺人了，他們想要丹東尼教練人頭落地。

回顧他這輩子，林書豪見到了神的手是如何準確無誤、有力又縝密地把他帶到了NBA。然而此刻，他卻處在一支失敗球隊裡的失勢地位。戴維斯逐漸康復，儘管林書豪苦練球技，儘管他有進步，但在球場上看不出有什麼分別。論及上場平均時間以及平均得分時，林書豪的紀錄幾乎拿不出來。

愈來愈難相信下去了。但是林書豪會堅持不懈，鼓起勇氣、力量和信心。他會不畏艱難，再多堅持一天。

因為你永遠不知道未來會如何發展。也許到了明天，所有的一切都會實現。

結語

林書豪讓我們清楚看到「激勵人心」和「令人敬畏」的差異。「籃球大帝」喬登從來不需要懇求教練給他機會。「小飛俠」布萊恩從來不曾要求教堂牧師和友人為他禱告，希望球隊不要把他裁掉。「雷霸龍」詹姆斯早在十六歲就有巨人哥利亞的體型、力士參孫的氣力，也從來不會有人要求他去發展聯盟做一些沒人知道的苦工。

若真有這些事情，並不會讓他們的故事變得更動人，反而使我們少了一點崇拜之心。林書豪是個出眾的運動員，他的才華有太長的時間遭到忽略。然而，若說喬登、布萊恩和詹姆斯的故事是關於出類拔萃的才華和超乎常人的能力，林書豪的故事則是一則堅持不懈的寓言，關於每一天不斷受苦、犧牲、奮鬥、力求突破，是這樣一個徹徹底底的凡人故事。

在巨人哥利亞和大衛的故事中，哥利亞令人敬畏，大衛則是能夠激勵人心。我們絕大多數人無論多麼努力，都不會變得像巨人哥利亞一樣。然而，只要我們懷抱著勇氣和信念，並且多花幾個小時練習使用投石器，就可以像大衛一樣。

在這個面臨全球金融危機、各種政治騷動的時代，我深深相信，上述正是林書豪的故事如此具有感染力的最主要原因。許多人很害怕支撐世界的樑柱即將崩毀、自己的夢想永無實現之日、才華沒有機會付諸實行，甚至認為沒有人會給他們機會；對這些人來說，很多運動員從小就有過人的體能優勢，早已保證來日一定能成功，他們並非這個時代所需要的英雄類型。「俠客」歐尼爾在場上的宰制能力深入人心，但那永遠無法激勵我的體型長得更高更壯。

最好是有一位運動員曾歷經掙扎、眾人摒棄，卻依然不斷增進各項球技，以頑強堅定的決心相信自己的夢想，以每一根骨頭、肌肉和肌腱去對抗抱持懷疑態度的人，直到最後一位懷疑的人丟棄他的最後一份懷疑為止。像這樣的運動員才能夠激勵整個世界。

林書豪正是這樣一位運動員。自從二〇一二年二月四日，他在出戰紐澤西籃網隊的比賽中突然竄出之後，短短兩週內，他的名字在推特上出現了五百萬次，不是沒有原因的。他飛升到各種搜尋引擎的最頂端、占據了全世界各大報紙與雜誌的頭條新聞與封面，也不是沒有原因的。

在收藏個人鍾愛物品的儲藏室中，每一世代的人們都有自己衷心喜愛的運動員，那份喜愛之情不只因為那些運動員的出眾才華與能力，也因為他們體現了當代的焦慮與希望。我們認同他們的困境、尊敬他們英雄般的努力，也在他們的甘美勝利之中找到希望。

林書豪代表了我們這個時代，他也會走向我們希望到達的地方。

如同我在本書「前言」提到的，我們把林書豪的生活當做一整張畫布來看時，最先清楚顯現的部分，是許許多多數不清的不可能發生之事。

然而，若以信仰之眼回首這一切，林書豪確實能在這一路走來起起伏伏的過程中，看出一種安排和一個旨意（由生命的「作者」建構而成的詳密安排）。如果林書豪的父母沒有在老道明大學相遇，如果他父親沒有愛上籃球，如果林書豪不是在他父親對籃球比賽的迷戀、在他母親的決心與紀律、在他兄弟們的挑戰與強化中成長，如果他沒有找到像舒特、戴本布洛克和阿梅克這般相信他、塑造他的教練，如果他沒有腳踝骨折、學習到千萬不要把任何機會視為理所當然，如果他沒有比父母的身高多了二十幾公分，如果他沒有贏得全加州冠軍而建立自信、提高自己的價值，如果他不是選擇哈佛而得到豐富的先發後衛經驗，如果他沒有接受達拉斯小牛隊總經理尼爾遜的邀請去打夏季聯盟隊伍，如果他沒有在夏季聯盟對上選秀狀元沃爾的第四節打出最佳表現，如果他沒有選擇金州勇士隊、結果在發展聯盟花了那麼多時間讓球技成熟，如果勇士隊沒有為了簽下中鋒喬丹而裁掉林書豪，如果ＮＢＡ總裁史騰（David Stern）沒有否決一項早先已提出、會讓火箭隊控球後衛人數不足的交易案，如果「雷霸龍」詹姆斯在二〇一〇年夏天成為自由球員時沒有選擇熱火隊而來到尼克隊，如果二〇一一年底尼克隊的控球後衛沒有出現一連串的受傷，如果尼克隊沒有在賽程縮水的球季一連三晚打三場比賽、先發球員很需要休息，如果他們的後衛道格拉斯沒有陷入投籃低潮，如果丹東尼教練沒有因為飯碗不保而把賭注下在所有人都不想用的那位球員身上；如果上述情形有任何一項發生變化，則我們在二〇一二年二月共同目睹的林書豪故事永遠也不會發生。

如同林書豪自己經常強調的，他無法控制這些事情的發生。而他走進了對戰籃網隊的球場後，這個充滿不可能發生之事的故事繼續上演。如果紐澤西籃網隊沒有演出有史以來最糟糕透頂的一次防守，林書豪能夠建立他所需的自信嗎？如果「甜瓜」安東尼和史陶德邁爾沒有缺陣那麼多場，林書豪能夠建立他的打球風格、領導整個球隊嗎？如果不是剛好碰上一連串實力較弱的隊伍（除了湖人隊以外），林書豪能夠建立起球隊的活力，帶領大家打下七連勝嗎？

林書豪也有可能在另一個時間和空間冒出頭，但若沒有上述所有的條件，就不會出現這般令人極度驚訝的爆紅現象。

回顧過去，一個人恰好以目前的生活方式過著現今生活的機率，看起來似乎是非常小的。不過，你在沙灘上隨意撿起一顆石頭說，「我會找到完全像這個形狀的一顆石頭，機會也太低了吧？」，比起你找到一個完美的正十二面體、認定這是光憑運氣不可能發生的事，兩者之間其實是不太一樣的。十二面體是以特殊的心境，細細地、持續地雕琢而成。回首這一切，林書豪便在他的生命中看到這樣的仔細調校；無論遇到多大的困難，他對比賽的熱情配上天賦才能、各種環境和機會，終於讓那份熱情發展成優秀的籃球生涯。

不過，我們還可以用另一個觀點，客觀看待林書豪生命中這些不可能發生之事。或遲或早，NBA都會出現第一位華裔或台裔美國人球員；或遲或早，都會有另一位哈佛畢業生進入這個全世界的最高籃球殿堂（自從一九五四年的史密斯〔Ed Smith〕之後的第一位）；或遲或早，也會有某個人打破生涯初先發那幾場比賽的最高得分紀錄。然而，如果這個第一位在美國出生的華裔球員、近六十年來進入NBA的第一位哈佛畢業生、重新改寫許多紀錄的球員，竟然是同一個人，該有多麼不可思議？

事實上，這個故事比上述所說的更棒，因為這位球員在NBA沒有受到高度詢問或矚目，而是透過信念、勇氣和堅持不懈，終於從無名小卒一躍而起，打了一連串令人屏息的比賽，抓住全世界的想像力。而這位球員，林書豪，是個很有節操和道義的年輕人，是個會把自己的頭等艙機票送給發展聯盟隊友，會把所有的功勞歸給隊友、不把任何功勞攬在自己身上，會想要幫助貧民區兒童的球員。正如同體育作家席蒙斯所寫，如果把這故事寫成一本小說，可能會因為太像幻想小說、太過牽強而遭到退稿。

然而，這並不是說林書豪只是碰巧成功，或者他的性格不容易從錯誤中學習、從艱苦中成長、將點點滴滴結合起來而成功。事實上，我認為有件事是毋庸置疑的，即林書豪所承襲的亞裔美國人背景並非這個故事的延伸面向，而是他之所以成功的核心要素，這絕對是讓他更令粉絲注目、信服的主要因素，卻也可能是林書豪長期以來備受忽略的一個原因。

首先，林書豪由他的血統文化所承襲的一切，正是他如今成功的重要功臣。他所成長的華人背景與社會，特別是由第一代中國大陸和台灣移民所塑造的環境，會鼓勵他要尊敬父母、信任他們的教誨，要透過孜孜矻矻的學習追求卓越，要創造最多的機會且不把這些機會視為理所當然，並相信努力和決心必能克服一切障礙。他接受一些關於時間管理、設定優先順序、專注和勤勉的習慣。他完成自己應盡的義務會很樂在其中，但他絕對不會受到娛樂、消遣或誘惑的影響，從而轉移了自己所追求的最重要事物。

在過去，這些也曾被視為美國人的美德。因此，曾任《亞洲人週刊》（*Asian Week*）體育作家的張強（Jon Chang，音譯）指出，林書豪融合了亞洲人的價值觀和美國人的健康開朗。然而，如今這些價值觀特別集中於亞裔美國人社會，也因此有這麼多的亞裔美國人就讀菁英學校、大學和博士學位課程。一種文化若讚揚努力工作和學習，而且特別強調某些領域，則有很大比例的孩子會希望進入那些領域。

我們不妨回到《虎媽的戰歌》作者蔡美兒提出的觀點，即西方人傾向於把天分講得很傳奇，而亞洲人傾向於強調努力工作的重要性。如果你相信成功的關鍵在於努力而非天分（至少有一定限度），則你不會受限於「天生的資質」，而是可以無視於失敗，努力嘗試追求任何事物。這也適用於教養方面：普遍來說，亞洲父母比較不會花時間鼓勵孩子們傾聽自己的想法；亞洲父母相信（但不至於不講理）他們知道什麼事情對孩子最好，於是比西方父母更強力引導孩子們的決定，而且持續到孩子很大的時候。不過，他們也會比較深入參與孩子們的學習與練習，而且花很長的時間幫助孩子們增進、獲得成功所需的技能。

蔡美兒說，林書豪的媽媽吳信信展現出「虎媽的最佳範本」。她要求孩子們凡事做到最好，但只是因為她強烈相信自己的兒子們有能力做到最好，她也覺得幫助兒子們達成目標是為他們好。林書豪是由「虎媽」養育長大的典型小孩。西方人可能會認為，林書豪沒有拒絕媽媽是因為她很嚴格，但實際上，林書豪總是很感激媽媽為了幫助他成功所付出的時間與精力。

蔡美兒說，林繼明和吳信信有一方面倒是令人感到驚訝，即他們從一開始便樂於讓林書豪打籃球。受到移民經驗的提醒，許多亞裔美國人移民不願讓孩子們從事有風險的運動，因此刻意指引孩子們走上比較安全的生涯路途。然而，隨著亞裔美國人建立起穩定的家園，可能從事的領域逐漸放寬，也允許孩子們冒一點風險了。因此蔡美兒預測，除了一般見到亞裔美國人受到自身文化傳承的強化，很擅長數學、物理、鋼琴和小提琴之外，往後也會見到他們開創出更多的可能性，在更多方面開花結果，包括像籃球這樣的運動。

換句話說，林書豪算是引領一個世代的亞裔美國人運動員，他們都像林書豪一樣努力，希望在籃球場和橄欖球場上創造出成功生涯。

因此，林書豪從他的母文化承繼了價值觀和習性，讓他致力於勤奮和嚴格的學習、相信可以經由努力而克服自己的弱點，甚至致力於尊敬教練、聽從他們的指導。所有這些事都幫助林書豪變得很成功，而且他所承繼的種族文化也讓人對他投以更多的目光。

林書豪顯然以很有影響力的方式打破許多刻板印象。一九九六年，我去中國進修，那時姚明和易建聯都還沒有出現，不過已有許多大學生非常熱中於打籃球。一九九八年，我的美國同學想要找中國同學較量一下，他們在校園各處張貼傳單，原本的意思是要說「來和一個美國人的隊伍打球」，但字面上的意思看起來像是「來和美國隊打球」。結果，來的是擁有全中國冠軍頭銜的大學籃球校隊，而且全員到齊，把美國同學打到腦筋一片空白。在那之前或以後，我不記得是否還看過像那樣的比賽，一個籃球隊居然完全靠灌籃得到所有的分數。

籃球不僅在中國非常普及，在亞裔美國人之間亦然。事實上在美國，幾乎我去過的每一個亞裔教會或團契，經常有一群年輕人聚在一起打籃球，這樣講絕不誇張。然而，亞裔美國人從來沒有在這種運動的較高層級好好表現過，大眾媒體也經常以諷刺的方式描繪亞裔美國男性的形象，諸如呆呆的、社交方面很笨拙、被動消極、缺乏性方面的吸引力或沒有男子氣概。

在NBA全明星週期間，媒體對林書豪做了一番觀察，經常稱他是「看似敏捷」或「看似很有運動細胞」。然而，他們只說是「看似」，而非預期如此，就這個例子來看，對林書豪的這種恭維反而是對亞裔美國人的一種侮辱。人們為何會預期林書豪「沒有」運動細胞或「不」敏捷？他之所以是「看似很有運動細胞」，只因為一般人對亞裔美國男性有著預期很低的輕度偏見，而偏偏林書豪超越了一般的預期。

不過，能夠超越那樣的預期、突顯出那種預期的不理性，也是很好的。林書豪打破了加諸在他身上很低的預期時，也等於顛覆了一般人對亞裔美國男性的諷刺看法。

羅勝贊（Soong-Chan Rah，音譯）是美國北園神學院（North Park Theological Seminary）教授，也是《多種膚色：一個變動中教會的文化智慧》（*Many Colors: Cultural Intelligence for a Changing Church*）的作者，我問了他的看法。「很可惜的是，我們文化對男子氣概（體型、氣力和運動能力）的想法，並沒有傳遞給亞裔美國人男性，」他說，「林書豪所表現的男子氣概似乎很符合美國人的典型預期。我並不是說亞洲人對男子氣概的想法才是對的，但林書豪有助於挑戰一般人對我們的許多刻板印象。」

林書豪還不只打破刻板印象而已，他也突顯出亞裔美國人面臨的困境，以及過程中可能發生的事。方牧師（Ken Fong）是洛杉磯長青浸信會（Evergreen Baptist Church）的主任牧師，也是信仰與種族議題方面的意見領袖。「大多數亞裔美國男性碰到的經驗，即使到了今天，」他說，「依然掙扎於低人一等的自卑感和不獲全然接納的感覺。」而在一個為體育瘋狂的文化中，就連受到良好教育和專業訓練的亞裔美國人都覺得，「出現一個生於茲、長於茲的亞裔男性成為體育方面的英雄，其意義似乎非常重大。」

長久以來，許多亞裔美國人男性覺得他們身在主流社會的目光焦點之外，也都碰過種族主義者的言語奚落和偏見而遭受羞辱，甚至被告知他們之所以不能抗議，是因為他們不像其他人那麼強悍。因此，林書豪不只在籃球場上威風八面、甚至帶領隊友們技壓對手的一幕幕情景，才會產生那麼大的影響力。

尼克隊擊敗國王隊那天，威斯康辛大學麥迪遜分校英語系與亞裔美國人研究學程教授提摩西・余（Timothy Yu，音譯）寫道：「我們就直說吧：林書豪可以在滿是健壯非裔美國人運動員的舞台上演出，與他們肩並肩站在一起（甚至打敗他們），而且能夠完全做他自己，對於他的膚色感到非常自在。」林書豪之所以能夠發揮這麼大的影響力，乃是因為「他把亞裔美國人的一些特點融合在一起，包括努力工作、無私、聰明、孝順，由此所產生的外在樣貌和自信，是我們以前從未在公開競賽場合見過的。」等到這樣的融合經常出現在年輕亞裔美國人身上，就會是「令人興奮的全然新貌」，可以見到它明確出現在美國大眾媒體上。余教授說，這正是亞裔美國人愛林書豪的原因：「他的所有事情都和我們一樣，而且，他的所有事情都是我們被告知永遠達不到的。」

林書豪以前的牧師，劍橋社區團契教會的金牧師，分享了一個類似的深入看法。林書豪挑戰了一般人對亞裔美國人所抱持的最低預期，而且達成了最高預期。金牧師說：「你與林書豪的境遇愈是相似、你和他有愈多共同點，你就會對他的故事有更多的共鳴。」

對亞裔美國人來說，林書豪的故事有很多元素與他們類似，對於力爭上游的亞裔美國人基督徒更是如此。林書豪接受長春藤名校的教育，擁有經濟學學位。他每天都很努力做功課，甚至因為擔心成績太差而睡不好。他很少喝酒和參與派對文化，把星期五晚上留給青年團契聚會。他非常尊敬父母，甚至帶父母去參加派對，連穿耳洞都要問過母親的意見。

他確實是一名非凡的籃球員，強壯且無畏。「但在其他所有方面，」金牧師說，「他其實和我一模一樣。」

這世界看著林書豪時，不只是看到他打籃球的能力，也看到他受的教育、謙遜性格和亞裔美國人文化的價值，而且大加頌揚。林書豪並沒有為了成功而拋棄他的文化傳承；他帶著那份豐富的傳承登上舞台，邁向成功。「這讓我明白，」金牧師說，「我可以好好做我自己。」林書豪所受的教養與文化背景，對那麼多亞裔美國人來說是那麼熟悉，因此他們認同他，也分享了世界看待他的方式。金牧師說：「這是第一次，我得知自己身為這樣一個人是很好的、別人很能接受的，甚至是值得嚮往的。對於我和其他像我一樣的人來說，這是一個很有影響力的表述。」

我猜想，這點恰恰能夠說明，林書豪為何能喚起一些亞裔美國人（特別是亞裔美國人男性）的強烈情緒反應。他們看到這個世界擁抱林書豪，感覺就像這世界在正在擁抱他們。

運動員形形色色，有些人篤信宗教有些人不信，而每個人各會尋找不同的激勵來源。林書豪顯然從他的基督教信仰找到很深的力量來源。他歷經過許多艱難和看似脫離常規的事，但依舊堅持不懈，這是因為他相信所有事情都遵行神的旨意。他懷著感恩的心情接受自己的才能與機會，好好運用它們，因為他的信仰建立了謙遜之心，而且對於罪的覺察相當敏銳。林書豪可以把所有關乎成功的壓力、期待和衡量標準放到一邊，只為了他的「唯一觀眾」而打球，為了關心打球心態是否正確更甚於關心比賽結果的那位神。林書豪在信仰社群的培育中成長，他的品格在此建立，這裡給予他歸屬感，也讓他行得正坐得直。而且林書豪是為了一個更大的目的而打球：與全世界接觸，包括他家人的母國，並收集各種資源去幫助貧窮的孩子。

網球名將張德培曾經告訴我，他成為基督徒之後，在網球場上和平日訓練時都變得更努力，因為他領悟到練習、打球並不只是為了自己，更是為了神，而且他可以透過網球對人們帶來恆久的影響。

我也詢問曾率隊贏得超級杯的前美式足球教練鄧吉，林書豪的基督教信仰是否讓他成為更好的運動員，鄧吉的答案是肯定的，不只因為信仰幫助運動員面對挫敗和失望，更重要的是，信仰幫助運動員以仁慈的態度面對勝利。運動員生涯是由一長串的失敗組合而成，中間偶有突然冒出的勝利打斷連串的失敗。所有優秀的運動員，或者幾乎所有的，都必須學會面對失敗。然而，偶爾出現的勝利卻會膨脹自我、改變了原本的優先順序，且令人變得傲慢、自滿，甚至渴望掠奪到更多伴隨勝利而來的事物，這一切絕對會毀了運動員生涯。

「林來瘋」現象達到最高峰時，《紐約時報》的布魯克斯（David Brooks）曾寫了一篇專欄文章，描述「現代運動的道德特質」（關乎榮耀、自我主張和至高地位）與「信仰的道德特質」（關乎救贖、放下自我和順服）之間必然存在的矛盾。現代運動致力於「稱霸的道德觀」，信仰則關注於「謙遜的道德觀」，他認為，這兩種道德觀是互相對立的。

如果談的是「現代的」各項運動，則上述談話到目前為止有其真實性，因為現代的運動員以自己為品牌、致力於行銷自身、以第三人稱來指涉自己，而且認為與其注重傑出所帶來的效應，還不如追求下一份贊助合約。然而，從林書豪的成功來看，即使走的是謙遜和順服之路，也可以通達傑出與勝利。事實上，喜歡展露自我最容易讓運動員難以專注於訓練和比賽，而無私之心最容易讓運動員接受指令、願意為團隊利益而戰。

林書豪是具有完美團隊精神的球員，如果沒有謙遜之心，就無法像他這麼有效地幫助球隊，無法專心讓其他人站上成功的位置，無法像他那麼快就從年復一年的艱辛基礎訓練（包括投籃技術、重量訓練，以及做出當機立斷的決定）得到收穫。事實上，若用基督教的眼光來看這世界，謙遜的道德觀和稱霸的道德觀倒是可以結合在一起。神會讚揚那些使自己謙卑的人。在這整個故事當中，林書豪屢次選擇強調團隊的優點，並把他自己的未來託付到神的手中，於是神給予極大的成功來讚揚他。

知名牧師馬哈尼（C. J. Mahaney）曾經寫過一本書《謙遜：真正的偉大》（*Humility: True Greatness*），是林書豪最喜愛的書之一；他是在金州勇士隊打球期間，與陳光耀牧師一起讀這本書。這本書特別強調，基督教對於「偉大」的判斷標準顛覆了普世的期待：希望自己很偉大的人必須侍奉神，因為在前的將要在後，而在後的將要在前。基督徒相信，他受到的試煉和受苦都不是為了讓他更強壯，而是要讓他更軟弱，或者更精確地說，要揭露他的軟弱，因此他才能學會信靠神。一旦我們不再自大自滿，軟弱就會生力量，而我們也能憑一己之力完成所有事。

我問馬哈尼牧師，就他看來，林書豪是否學習到「真正的偉大」來自於為了榮耀神而服事他人？馬哈尼說是的。而且與那麼多運動明星極度高漲的自我中心比起來，他的謙遜令人耳目一新。觀眾之所以有共鳴，不只是因為看到一位無名小卒崛起成為巨人，更是因為有一個人「無私地打球，然後把大家的注意力引導到他的隊友們的貢獻，而非他自己」。

然而諷刺的是，林書豪由他的基督教信仰得到這樣自抑的謙遜之心（社會學家則會說，這種自抑的傾向也常在亞裔美國人社群看到），一方面讓他成為比較好的籃球員，卻也讓他容易受到忽略和低估。林書豪並沒有為了向教練或球探展現自己的能力，就把球隊的整體利益擺到一旁；他不會自我誇耀或特別突顯自己，不會去吸引別人的注意，也不會大聲堅持要求別人給予適當的尊重。這並不是對林書豪的評斷，而是對我們的評斷，對於我們容忍、看待成功運動員表現的行為所做的評斷。

換言之，如果林書豪並不屬於一個教導他要謙遜、無私地服事他人的信仰社群，或者不屬於一個抱持著「槍打出頭鳥」想法的文化，他可能也會顯現出自我誇耀和洋洋自得的態度，如同我們在今日許多超級運動明星身上所看到的，於是他會早一點受到大家的注意。但是，他也就不能這麼有效率地帶領一支球隊，也不會這麼戲劇化地受到眾人注意，在全世界造成這麼大的效應。

我訪問了范德維奇（Kiki VanDeWeghe），他在NBA曾經連續七個球季平均每場比賽的得分都超過二十分（包括一九八四年創下生涯新高的每場比賽平均二十九點四分），後來繼續擔任紐澤西籃網隊的總經理和教練；我問他，若要在NBA長期成功發展，林書豪具不具備最基本的條件？他強調說，對所有的球員來說，對手的教練和球員必然會想盡辦法削弱你的戰力、攻擊他們看得見的目標。而既然林書豪能夠堅持不懈、持續努力增進自己的能力，他一定能夠做到必要的調整，找到新的方法突破對方的防守。林書豪自己知道，丹東尼教練的體系和他的長處配合得太好了，但是「他有足夠的天賦和球技能夠在NBA取得長期的成功。現在全看林書豪了，看他有多大的意願努力打球。」林書豪很幸運，他最大的長處就是能夠專心一意地努力求進步，這種特質來自於他的成長背景，來自他受到教導的價值觀，為了更加榮耀神，他力求謙遜，好好運用他的天賦和各種機會。

影響所至，等到「林來瘋」現象開始蔓延後，有些宗教議題方面的專家抱怨說，聽林書豪的談話，會讓人以為神可以決定運動比賽的輸贏。他們問道，只要感謝神給予打球的機會，並以榮耀神的方式努力打球，不會比較好嗎？可否不要認為神會屈身參與人類社會紛擾擾的小事，特別是像運動這麼「不重要的」事情？

這樣說其實沒有掌握到重點。林書豪是福音派基督教徒，他的信仰是由新教體系塑造而成。並不是說他看見神的手干預運動比賽，而是他看見神的手參與所有事物。並不是說神必須屈身干預運動比賽，而是神一直「屈身」於長久以來的時間之中，因而所有的時間和空間都充滿祂的神聖旨意。這正是基督徒所稱的「化身」，也是林書豪信仰中的要素：人類已然如此深切、無可挽回地遠離神，因此我們需要神以基督耶穌這個人進入人類歷史之中，以便使我們與祂和好。以容易理解的方式來說，這是一個非常謙遜的訊息，因為它述說的是人類的無能，以及對神的恩典有著全然持續的需求。在林書豪的（歸正福音）基督信仰中，整個宇宙是以這樣的模式在運行。神充滿於整個歷史，並以恩典引導之。

美國佛羅里達州勞德岱爾堡（Fort Lauderdale）珊瑚脊長老教會（Coral Ridge Presbyterian Church）的奇維迪恩（Tullian Tchividjian）牧師解釋，基督徒不應該說得好像神會把勝利給予信仰最虔誠的隊伍，而是應該要打從心底確信，神對於歷史自有其嚴密的監督和指揮。他說：「無論輸或贏都完全操控於神的手中。沒有任何一件事是意外造成。所有事物，包括籃球比賽的輸贏，全都在創世之初就已注定。」

於是，比賽的輸贏都是由神所命定，而輸球會是最好的禮物。在事物的恆久體系中，運動比賽的結果並不重要，其實比賽中的人們才是最重要的，更別提有許多人透過比賽得到啟發，讓他們的生命轉變得更好。梅塔克薩斯（Eric Metaxas）是紐約市知識份子，曾為基督徒廢奴主義者威伯福斯（William Wilberforce, 1759-1833）和德國神學家暨殉難者朋霍費爾（Dietrich Bonhoeffer, 1906-1945）寫過動人的傳記，我問他，運動比賽和運動員是否會造成深刻的文化影響。「那是十分重要的，」他說，「也就是有一些人並非以宗教為專業，例如信仰虔誠的運動明星，像是林書豪或提博，而他們可充分代表基督徒的形象。」在當代社會中，人們需要迷人的、真誠的、活生生的例子，來告訴他們基督徒的生活究竟是什麼模樣。然而他說，主流媒體並不會很想述說這樣的故事。「羅賓森（美國職棒大聯盟第一位非裔球員）是非常虔誠的基督徒，帕克斯（Rosa Parks, 1913-2005，非裔美國人民權運動人士，人稱「民權運動之母」）是非常虔誠的基督徒。我們為何沒有聽過他們的故事？媒體極度刻意不提宗教，就算事實擺在面前，他們也刻意不看。」

體育活動就不同了，最著名的運動員往往反映了當下的文化，也塑造出未來的文化。作家布魯克斯在專欄裡漏提一點，即就算信仰總是要求謙遜、要求將個人意志交給神，其實也經常要求大膽和勇敢、勇於冒險並遵守紀律、講求團隊精神與犧牲。基督徒看著林書豪和其他運動明星，看他們面對令人卻步的風險和看似無法克服的障礙時，依然努力跟隨神的意志，其實看見的是舊約聖經故事的縮影，彷彿是約書亞和大衛那樣的正直勇士和領袖。

對於居住在私有住宅區過著舒適的郊區生活、在潔淨的方塊隔間迷宮中工作的基督徒來說，他們缺少了一些方面，像是謙遜的英雄氣概、專心致志於紀律、以對神的信靠之心去面對和克服自己的恐懼，並與兄弟姊妹們同心追求崇高的共同目標。基督徒會欣賞林書豪這樣的運動員，是因為他提醒了眾人，有一種生活的可能性是關乎更大的挑戰、勇氣和熱情，有一種生活是關乎奮鬥與成功，或至少在追尋值得的目標之時勇敢地失敗。當運動員在公開場所盡情展現自己和他的信仰，並運用他的聲望和資源無私地為他人服務，則他會與自戀的運動明星形成強烈對比，並產生很大的正面影響。

也因此，一位基督徒會相信是神召喚他走上成功的運動員生涯。只要運用得當，這份成功可以產生很不一樣的結果。

所以，無論你是否相信有一位神創造了所有事物、巨細靡遺地參與歷來的每一個細節、精心安排一個年輕人的生命因著運動員的才華而在全世界爆紅，你都很容易看出，把林書豪生命中所有不可能發生的片段，全都以最不可能的方式組合在一起之後，他為何會相信有一位神安排了這一切。「你大可把這一切視為巧合，」林書豪在暴龍隊的比賽那天對媒體說，但是「神在所有地方都留下了祂的指紋。」

這究竟是個關於神的恩典的絕佳故事，抑或只是令人極度驚訝的無盡巧合，完全取決於你的觀點。然而，這顆定時炸彈的各個零件組裝得極度完美、準確，林書豪就在正確的時刻爆發出令人目眩的燦爛光輝。

林書豪會有什麼樣的未來，沒有人能夠很肯定地預言。他以先發球員身分打過八場比賽之後，總共拿到二百分、七十六次助攻，較諸往日幾位傳奇球星的前八場先發比賽，包括湯瑪斯（Isiah Thomas）是一八四分、五十一次助攻，「魔術」強森是一四七分、五十七次助攻，以及史塔克頓的八十分、八十二次助攻。然而全明星週過後，林書豪和尼克隊打得很掙扎。林書豪可能會有很長的傑出生涯，也可能會褪色成ＮＢＡ的次級球員；他在尼克隊新任總教練伍德森（Mike Woodson）手下也許無法發揮得一樣好，或者他也許會失去熱情，或者發生了終結籃球生涯的傷病。有許多不可避免的起起伏伏，有幾個球季很成功、幾個球季很掙扎，沒有人知道未來會是哪一種情形居於上風。

然而，有一件事再明顯不過：林書豪再也不會變回無名小卒。他被誤認為球隊物理治療師的日子已經結束了。

聖經說，數字「七」代表神創造萬物的一個完整作為。「林來瘋的七場比賽」也是一個完整成果，絕不會從職業籃球的歷史紀錄中褪色、消失。無論林書豪會不會繼續成為明星球員，光是在二〇一二年二月的兩週之內，他就以勇氣和魅力打出了卓越的籃球比賽。林書豪在籃球界創造了紀錄，為乏人問津的授權商品帶來一波銷售希望，也激起一股文化風潮。他鼓舞了基督徒、亞洲人，以及全世界失意的人。

「好幾次我在那籃球場上，」林書豪在二〇一〇年二月對我說，那時候剛好是林來瘋的兩年前，「那感覺像是我甚至無法控制自己的身體。幾乎好像是有某個人把我當成木偶。很多我做的事情，等到我事後再看它們，我很懷疑自己是怎麼做到的。像那樣的時刻，我會領悟到，有某個事物超越了發生在我身邊的事，有某個不可思議的事物與那有關。」

讓我們深深期盼，林書豪在籃球場上還會出現許多超越身體之外的經驗。讓我們期盼奇蹟繼續出現。

從中國大陸到台灣，從老道明大學到普渡大學，從帕洛維第牧場市到帕洛奧圖市，直到YMCA的體育館，有一位名叫林繼明的移民父親教他的三個兒子愛上籃球比賽，再到林家的媽媽吳信信教她的兒子們努力追求卓越、幫忙組織他們的籃球隊和高中校隊，直到踏上帕洛奧圖高中的籃球場，一位瘦巴巴的華裔美國男孩讓更高壯的球員顯得傻愣愣的；到林書雅和林書豪去史丹佛教大學生打籃球之後，陳光耀牧師帶他們去丹尼斯餐廳大快朵頤；到鄭牧師位於東帕洛奧圖市的教區，林書豪接收到扶助弱勢孩童的召喚；再到全美最古老大學的校園，到哈佛體育館的亞裔美國人啦啦隊和賓州大學體育館和其他長春藤聯盟的大學；然後風塵僕僕地從普茲茅斯、聖安東尼奧、拉斯維加斯飛奔到各個NBA球隊的選秀會前測試，直到選秀會那一晚沒有人叫喚他的名字，以及在拉斯維加斯參加夏季聯盟的那一場比賽；到加州奧克蘭的甲骨文體育館，在那裡林書豪每一次接到球都會激起一陣歡呼聲；到穿梭於雷諾市和貝克斯菲爾德市之間的大角羊隊巴士上，林書豪對未來感到絕望；到林書豪在投籃教練謝波勒的後院球場、門羅公園市與普列桑頓市的健身房變得愈來愈強壯；隨著移動到紐約之前在休士頓的短暫停留，從林書雅家的沙發移動到費爾茲家的沙發，到麥迪遜廣場花園那一晚林書豪離開板凳出戰籃網隊，接著是在紐約和華府和明尼亞波里斯和多倫多再回到百老匯——這是一趟非比尋常的驚奇之旅，一段英勇的人生，一項作為的成果，以及許許多多的夢想。

到了故事最後，看著林書豪的夢想終於成真，讓我們也開始相信自己的夢想，願意再對夢想投注勇氣和紀律，願意再多堅持一天。因為你永遠不知道未來會如何發展。也許到了明天，所有的一切都會實現。

當球在半空中時，要有信心！

上場！林書豪的躍起
從哈佛宿舍的近身對談開始，第一手完整深入的林書豪傳記

作者——提摩西・戴倫波（Timothy Dalrymple）
譯者——江坤山、黃芳田、吳程遠、王心瑩

主編——王心瑩
副主編——陳懿文
封面設計——黃子欽
內頁設計——丘銳致
企劃統籌——陳佳美、金多誠
出版一部總編輯暨總監——王明雪

發行人——王榮文
出版發行——遠流出版事業股份有限公司
地址——台北市南昌路2段81號6樓
郵撥——0189456-1
電話——(02)23926899　傳真——(02)23926658
著作權顧問——蕭雄淋律師
法律顧問——董安丹律師
2012年5月1日 初版一刷

行政院新聞局局版台業字第1295號
定價——新台幣320元（如有缺頁或破損，請寄回更換）

ISBN 978-957-32-6973-1
YL 遠流博識網 http://www.ylib.com E-mail: ylib@ylib.com
《上場！林書豪的躍起》專書網頁：http://www.ylib.com/hotsale/LinSanity/index.asp

Jeremy Lin: The Reason for the Linsanity

國家圖書館出版品預行編目(CIP)資料

上場！林書豪的躍起：從哈佛宿舍的近身對談開始，
第一手完整深入的林書豪傳記／提摩西・戴倫波
（Timothy Dalrymple）著；江坤山、黃芳田、吳程
遠、王心瑩譯. -- 初版. -- 臺北市：遠流, 2012.05
面；　公分. --（綠蠹魚）
譯自：Jeremy Lin : The Reason for the Linsanity
ISBN 978-957-32-6973-1（平裝）
1. 林書豪 2. 傳記 3. 職業籃球
785.28　　　　　　　　101005993